正しく悩む技術

「なんとなく……つらい」
あなたを救うヒント

杉田隆史
心理セラピスト

実務教育出版

はじめに——あなたは正しく悩んでいますか？

こんにちは。心理セラピストの杉田隆史と申します。

この本を手に取ってお読みいただき、ありがとうございます。


はじめに、少しだけ自己紹介をさせていただきます。

私は数年前まで、毎日がとてもつらかったんです。高校生の頃から生きづらくて、社会人になってもそれは変わらず、仕事を転々とし、海外に逃亡したり、お酒ばかり飲んで一年以上引きこもったりと、自業自得、自作自演の人生をおくってきました。

生きづらいと苦しんだ期間は、かれこれ二〇年くらいあったでしょうか。そんなにも長い期間を、自分の心とうまく付き合えず、「悩み」に振り回される生活を続けていました。


ところが、そんな私が、今では逆に、悩んでいる方のお話を聴かせていただいて、その方が元気になるサポートをさせていただく仕事をしております。そして気がつけば、私自身の生きづらさもなくなり、「悩み」があっても、バッタリと倒れ込むようなこともなくなっていました。

そんな中で、フト思ったことがあります。

昔の私と、今の私は、何が違うのだろうか？

これは仕事を通じて、多くの悩んでいる方とお話をする中でも、同じような疑問が浮かんできます。

「悩み」というものは、誰にでもあるものなのに、どうしてうまく付き合える人と、そうでない人がいるのだろうか？　ではどうすれば、うまく付き合えるようになれるのだろうか？

私も昔は、「悩みとうまく付き合える人」のことを、「生まれつき明るいからだ」とか、「良い両親に育てられたからだ」とか、先天的なものや、生まれ育った環境のせいで悩まないのだと思っていました。たしかにそういった要因は大きいとは思います。

でもそれだけですと、私自身の変化、そして元気になられたクライアントさんの変化を説明することができません。

するとこれは、「悩む」ということについても、やはり「正しい悩み方」があるのではないだろうか？

私や元気になったクライアントさんは、知らず知らずのうちにそんなコツを身につけていたのではないだろうか？

そんなふうに思うに至りました。

世の中に出ている「悩み」について書かれた本には、「一瞬で悩みが消える！」とか、「これでもう悩まない！」とか、「悩みをなくす」ということをうたっている本がたくさんあります。

でもご存知のように、人はどんなにお金持ちになろうが、どんなに高いスキルを身につけようが、どんなに素敵な家族がいようが、「悩み」ってなくならないですよね。

不思議なのは、一つ「悩み」が消えたとしても、今度は今まで悩みと思わなかったことが、急に「悩み」になったりすることです。たとえば、ずっとイヤだと思っていた仕事をようやく辞めて、家庭に入った女性が、今までスキだった家にいる時間が急に退屈になった、なんていうのもそうですよね。

となると、「悩み」に関しては何が大切なのかというと、**「悩みをなくす」というよりは、「悩みがあっても、それとうまく付き合っていける」ということ**だと思います。

それこそがまさに本書のテーマである「正しく悩む技術」です。

「悩み」はなくならないわけですから、「悩みを消す」とかいう姿勢ではなく、「悩まない」とか、「悩み」があるのを前提として、だったら「正しく悩もうね」っていう意味をタイトルに込めています。

また、「技術」という言葉は、少しおおげさかと思ったんですけど、あえて付けました。「技術」ということは、一部の人しかできないものではなく、誰でも習得可能ということですからね。

「悩み」は、大人になってからでも、うまく付き合えるようになれるものです。私もいい歳して、そのコツを身につけましたから、あなただって今からでも全然遅くありません。

さあ、それではご一緒に、正しく悩んでいきましょう！

START

装幀◎吉村朋子
カバー・本文イラスト◎髙橋奈緒美
カバー・オビ写真◎佐藤可奈子
本文デザイン・ＤＴＰ◎ムーブ（新田由起子、徳永裕美）

もくじ

［正しく悩む技術］

第1章

そもそも「悩み」とはなんだろう？

第2章

「クヨクヨ悩んでしまう時」の正しい悩み方

第3章

「ガンバれない時」の正しい悩み方

第4章

「自分に自信が持てない時」の正しい悩み方

第5章

「人間関係がうまくいかない時」の正しい悩み方

第6章

「何がしたいかわからない時」の正しい悩み方

第7章 正しいネガティブのススメ

第１章

そもそも「悩み」とはなんだろう？

——あなたは悩みとどう付き合っていますか？

「悩みがある時、あなたはどうしますか？」

こんな質問をされたら、一瞬なんて答えていいか迷いますよね。

友人に相談する？　趣味で気分転換する？　とにかく寝て忘れる？　それとも、お酒を飲む？

たしかにそれも、何もしないでストレスを溜め込むよりはいいかもしれません。

でもあらためて聞かれると、「悩み」がある時って、どうすればいいかわかっているようでわかっていないというか、そのつどなんとなく対応しているって気がしませんか？

——みんな自己流で悩んできた

じつは、冒頭の質問からこんなことがわかります。

まず、**私たちは、「悩み」についてあまり知らない**んですね。

というか学校でも家庭でも、

「悩みとは何か?」とか、

「どうして悩みが起きるのか?」とか、

「悩みがある時、どうすればいいか?」とか、

そんな具体的な話は教えられていないと思います。

そのために私たちは、かなりの部分を「自己流」で悩みと付き合ってきている、ということになるわけです。

――悩みとうまく付き合えない人の大変さ

となると問題になるのは、その「自己流」がうまくいっていない人たちです。

「悩みとうまく付き合えない人」は、何はなくとも、それだけで人生が大変になります。そういう人は、ごく平穏な日常の中からでも、「悩み」をどんどん見つけ出してしまいますから、「悩み」と向き合うだけでエネルギーを使い果たして、心身ともに

疲れきってしまうんです。

けれども、そんな自分の違和感に気づきながらも、「正しい悩み方」を知らないわけですから、いつまでたっても「自己流」のまま悩みと付き合って、生きづらい毎日を続けてしまいます。

――備えあれば、憂いなし

本書は、そんな「悩みとうまく付き合えない人」のために書かれた本です。

「悩み」との上手な付き合い方を知らないがゆえに、生きづらい毎日をすごしてきたあなたに、学校や家庭では教えてもらえなかった「正しく悩む技術」を、具体的にお話しようと思っています。

もちろん、こんなご意見もあると思うんです。

「そんなことできるの？　悩みなんていくつもあるわけだから、いちいちどうすればいいかなんて教えようがないし、そもそも悩みとの付き合い方なんて、人から教わるもんじゃないんじゃないの？」

たしかにそうかもしれません。でも私たちって、日々の暮らしの中で、困った時、ピンチの時にどうすればいいかって、結構基本は人から教えてもらっているんですよ。

たとえば地震がきたら、「机やテーブルの下にもぐる」とか、「大揺れがおさまったら火やガスを止める」とか、そんなことを学校の避難訓練で習いましたよね。もし最初にそういうことを教わらなかったら、地震がきた時どうすればいいかなんて、わからないままですよね。

ところが、「悩みがある時」というのは、地震と同じように、困った時、ピンチの時の話なのに、対処法についてほとんど体系立てて教えてもらったことがありません。考えてみれば「悩み」って、地震よりもっと身近で、もっと頻繁に起こることなのに、その対処法を知らないなんて、なんとも、もどかしい気がしませんか？

もちろん、「悩み」の対処法について知れば、すべてが万々歳というわけではありません。けれども、わからないのであれば、まず知ろうとしないと、どうにもならないですよね。

大きな地震の時、何も知らずにいつまでも突っ立ったままでは危ないですから。

「悩み」について書くことの難しさ

では、これからどんどん「悩み」についてお話していきたいと思いますが、その前に少しだけ弱音を吐かせてください。

じつは、「悩み」について、人の役に立つようなことを書くのはなかなか難しいんですよ。

たとえば、こんな悩みを持っていた人がいたとしましょう。

「最近、あれこれ考えすぎちゃって、何もできなくて……」

そんな時その人に、「そんなに考え込まないで、何か一つに決めて、とにかくやっちゃえばいいじゃん！」なんてアドバイスしたとします。

これって、アドバイス自体は、メチャクチャ正しいんですよね。

でも実際にそんなこと言ったら、言われたほうは、なんか気持ちがわかってもらえない淋しさを感じますし、「それができないから、悩んでるんじゃん！」って、言い返したくなるのではないでしょうか。

ではこれから、なぜ「悩み」に対して、正論があまり役に立たないのかをお話しします。

それにはまず、「悩みとは何か？」ということを知ることから始まります。

――「悩み」を作り出す「もう一つの心」

それでは「悩みとは何か？」について、一つの悩みを例にとって考えてみましょう。

「転職したいのに、何も活動していない」という悩みを持っている人がいたとします。

この人は、もう今すぐにでも会社を辞めたいと思っている。イヤな上司に耐えられないし、給料も安いし、他にやりたい仕事もある。それなのに、どうも転職活動が始められず、フト気がつくと半年間も何もしていなかった、なんていう状況だとしましょう。

こんな時、この人の心の中をちょっと想像してみてください。

おそらくこの人は、「転職したい」と思っていると同時に、心の奥に、**「転職したくない」**と思っている**「もう一つの心」があるのではないか、**そんなふうに、あなたの経験からも想像できませんか？

このような、心の奥にある「もう一つの心」のことを、**「無意識」**と呼びます。

――自分が自覚してやっていることは、一部にすぎない

では「無意識」という言葉をあまり聞き慣れない方のために、もう少し詳しく「無意識」についてお話しましょう。

私たちの日常は、「意識」と「無意識」によってコントロールされています。意識とは「自分で自覚できること」、無意識とは、「自分で自覚できないこと」です。

この二つが私たちをコントロールしている割合ですが、じつは**圧倒的に「無意識」のほうが多い**のです。つまり、私たちは、自分では自覚できないうちに、多くの活動が勝手になされていることになります。

これはちょっと考えてみればわかります。

たとえば今、あなたの左手はどこにありますか？

では、あなたはその左手を、「そこに置こう」と思って置いていましたか？

そうじゃないですよね。知らないうちに、いつの間にか左手をそこに置いていましたよね。

では、あなたの右足は、「その場所に置こう」と思って置いていますか？

あなたは、「呼吸をしよう」と思ってしていますか？

あなたは、「心臓の筋肉を動かそう」と思って動かしていますか？

どれも知らず知らずのうちにやっていますよね。

このように、呼吸など、生命の維持に関係していることばかりでなく、**行動も左右し、思考や感情の方向づけにも「無意識」は大きな影響を与えている**と言われています。

自分で自覚してコントロールしていることよりも、自分が知らないうちにコントロールされていることのほうがはるかに多いなんて、初めて知る方はビックリしますよ

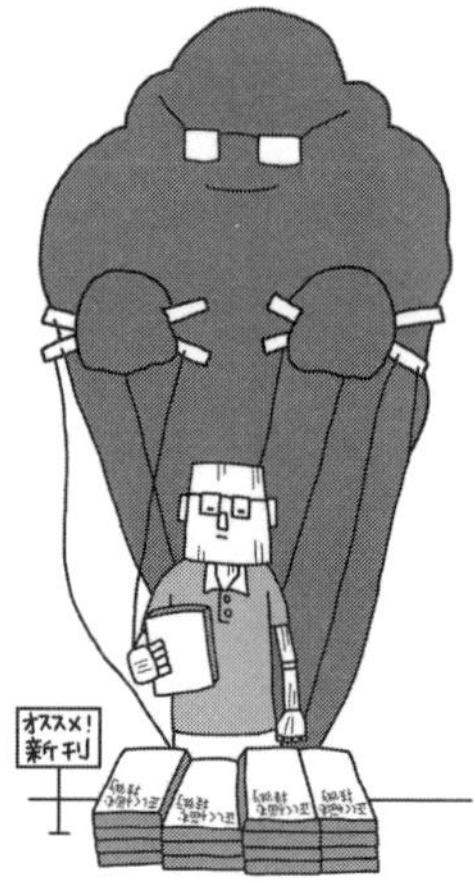

ね。

もしかしたら、あなたがこの本を買ったということも、どこか無意識の影響があるのかもしれません。

――悩みには公式があった

それでは、そんな意識・無意識の話をふまえて、あらためて「悩み」の正体を明らかにしていきましょう。

ではもう一度、「転職したいのに、何も活動していない」という悩みを例にしてお話していきます。この悩みをよく見ると、意識と無意識がバラバラなことを考えているのがわかります。

意識は、「転職したい」と思っているけれど、無意識は「転職したくない」と思っている。

つまり、**悩んでいる状態とは、「意識と無意識の欲求がぶつかり合って、葛藤が起きている状態」**なんです。それをもっとわかりやすい公式にしてみましょう。

悩みの公式

（意識では）～したいのに　（無意識では）～できない
（意識では）～したくないのに　（無意識では）～してしまう

ほとんどの心の悩みは、こんな公式で説明できます。たとえば、

「（意識では）もっと積極的に行動していきたいのに、（無意識では）それができない」

「（意識では）あの人に意地悪したくないのに、（無意識では）つい意地悪してしまう」

「悩み」というのはとらえどころがないものと思いがちですが、こんなふうにちゃんと正体があるんです。そして自分の「悩み」の正体がわかると、少しホッとできるんですよ。

ということで、まずはあなたの「悩み」を、この公式に当てはめて考えてみてくだ

さい。自分では、大きな悩みだとか、深い悩みだとか、複雑な悩みだとかと思っていても、この「悩みの公式」に当てはめてみると、行きつくところ、意外とシンプルなことに悩んでいたりするんですよね。

悩みに正論が役に立たない理由

この「悩みの公式」から見えてくることは、「悩んでいる時」というのは、悩んでいる本人が、「わかっちゃいるけどやめられない」という、ちょっと特殊な状態のことなんですね。

だから、先にも述べたように「最近、あれこれ考えすぎちゃって、何もできなくて……」という人に対して、「そんなに考え込まないで、何か一つに決めて、とにかくやっちゃえばいいじゃん！」なんて言うのは、「わかっちゃいる」相手に、「わかっちゃいること」をアドバイスしていることになるんです。むしろ相手の気持ちを考えたら、**正論をストレートに言えば言うほど、解決から遠ざかっていく**ことにもなりかねません。

これで「悩み」に対して、「正論」があまり役に立たない理由がわかりますよね。

――正論では解決にならないし、「ありのままでいい」ではもの足りない

でも世の中の、「悩み」について書かれた本の中には、「ポジティブに考えて行動しなさい！」とか、「小さいことにクヨクヨするな！」とか、思いっきりストレートに正論をアドバイスしてくる本が多くありませんか？　そういう言葉って、本を読まなければならないほど悩んでいる人には、まぶしすぎると思うんですよね。

一方で、なんでもかんでも「ありのままでいいですよ〜」みたいな本も結構ありますよね。悩んでいる時というのは、「何かが足りない」と感じている時ですから、根拠なくそんなに全面肯定されても、なんかもの足りなくありませんか？

私は、もともと「悩みとうまく付き合える人」というのは、きっと悩みとうまく付き合うノウハウをたくさん持っているんだと思います。でもそういう人は、「悩みとうまく付き合えない人」に、それをあまりうまく説明できないのではないでしょうか。

それは、もしあなたが外国人から、「なんでそんなに日本語がうまいんですか？」と聞かれて、うまく説明できないのと同じです。自分がいつの間にか覚えてしまったことって、できない人にやり方を「わかりやすく」説明できないですよね。

それに、もし仮に説明できたとしても、もともとできる人のやり方は、できない人にはどこか参考にならないことも多いものです。英語が本当に苦手な人には、「ラジオを聴いていたら、自然と英語覚えました」みたいな話ってあまり参考にならないですよね。

だからこそ、ここで私の出番なのかなと思います。

それは私が二〇年間も悩みとうまく付き合えなかったこと、そして現在心理セラピストをやっていること、その両方の経験があるからこそ、お話できることがあると思っています。


というわけで、「悩み」に上手に対処するための本とは、

「ただ正しいことをアドバイスすればいいってもんじゃない」

「ただ全面肯定していればいいってもんじゃない」

「ただ一部の人だけができるやり方を教えればいいってもんじゃない」

という極めて難しいものになるのですが、本書ではその三つを意識して書きました。

基本的には、私が心理セラピストとして活動してきた中で思ったことを、居酒屋で友人にウダウダ話すような感じで書いています。


したがって、ポジティブすぎる正論や、「それ、お前しかできないだろ！」のようなことは書いてありません。むしろみなさんが**簡単にできること**ばかり書いています。

また、全面的に「ありのままでいいですよ〜」のように、ただ放っておくこともありません。〝こんな時はどう考え、どうすればいいか〟ということの**具体的なヒント**も

あります。
私にとって本書は、悩んでいた頃、「こんな本があったらいいなぁ」と思っていたものを形にしたものなんです。

一番大切なことは〝あなたの頭の中〟にある

それではこの章の最後に、少しだけ大事なお話をしましょう。
「この本のどこに〝一番大切なこと〟が書かれているか？」というお話です。
最初に知っておくと、本を読むのが楽ですよね。
あなたはどこに〝一番大切なこと〟が書いてあると思いますか？
最後の章？　メインの2～6章全部？　もしかしてこの章だったり？

その答えは……

〝あなたの頭の中〟です。

あなたの頭の中以上に、〝一番大切なこと〟が書かれる場所はありません。

本書の内容が、あなたの頭にすでにある情報と結び付くことで、何かに気づいたり、何かアイディアが浮かんだり、何かやってみようと思ったりする。そういうものこそ何物にも代えがたい大切なものです。

ですから、私がもし「この本をどんなふうに読んだらいいですか?」とたずねられれば、こうお答えします。

読みながら、あなたの頭に浮かんできたことを、体で「感じて」、「味わって」みてください。そしてそれを「言葉」にしてみてください。できれば、それを文字に書いてみてください。

それでは、次の章からは、悩みが特に起こりやすい五つの場面、

「クヨクヨ悩んでしまう時」

「ガンバれない時」

「自分に自信が持てない時」

「人間関係がうまくいかない時」

「何がしたいかわからない時」

そんな場面で起こる、さまざまな悩みに対して、うまく対処する「正しい悩み方」を探っていきましょう。

第２章

「クヨクヨ悩んでしまう時」の正しい悩み方

「あれこれ考えすぎ」、「いつもネガティブだね」、「打たれ弱いよね」、「なんでそんなにこだわっているの？」、「無理しすぎじゃない？」なんて人から言われるけど、そんなこと言われると、よけいに悩んでしまうあなたへ、この章を心を込めて贈ります。

クヨクヨ悩んでしまう時は、こんなふうに悩んでみるのはいかがでしょう。

「悩めること」と「悩めないこと」を分ける

◉松井やイチローでも〝悩めないこと〟がある

昔の私は、いつも悩みと「一人相撲」していました。

人のちょっとしたしぐさを見ては、自分が嫌われているんじゃないかと思ったり、なんでも人と比べては、自分が劣っていることを気にしていました。さらに、「悩んでいないと悪いことが起こるんじゃないか」とか、「あらかじめ心配しておけば、実際に悪いことが起こってもショックを受けないんじゃないか」とまで思って、いつも律儀《りちぎ》に悩んでいました。

でもある時、メジャーリーガーの松井秀喜選手とイチロー選手が、同じようなことを言っているのを知って、ハッとしたんです。

「自分にコントロールできることと、できないことをまず分ける。そしてコントロールできないことには関心を持たないようにする」

これを聞いて、松井選手とイチロー選手のような超一流の選手でさえ悩めないことを、私が悩もうとしていたのかと思って、なんだか自分が滑稽《こっけい》に思えてきました。

たしかに自分の悩みをよくよく考えてみると、自分の力ではどうにもできないことを悩んでいるんですよね。

たとえば、「まわりの人にどう思われるか心配で……」なんて悩み。これってよく考えると〝悩めない〟んですよね。あなたは「まわりの人」じゃないですから。

「仕事が決まるか心配で……」なんて悩みもそう。採用を決めるのは、会社の人事ですから。

じゃあ、何なら悩めるのか？　悩んでいいのか？

それは、**「自分にできること」**だと思うんです。

「まわりの人にどう思われるか心配で……」ということであれば、まわりの人から良い印象を持ってもらうために、「自分にできること」については悩める。でもそれ以外は悩めない。

「仕事が決まるか心配で……」ということであれば、書類選考や面接で良い結果を出すために、「自分にできること」については悩める。でもそれ以外は悩めない。

別の言い方をすれば、「結果そのもの」は悩めなくて、「どうしたら結果を出せるか」だけが悩めるということなんでしょう。

◉悩みを書き出して「仕分け」してみる

私は今では、自分が悩んでいることに気づいたら、「これは自分ができることに悩んでいるのか？　それとも自分ではコントロールできないことに悩んでいるのか？」って、すぐに自分に質問するようにしています。

もし悩めないことに悩んでいることに気づいた時は、松井選手とイチロー選手でさえ悩めないことを悩もうとしている自分を笑い飛ばします。「オレ、自分のこと何様と思っているんだ！」と。そうすると、フト肩の力が抜けてくるんです。

ということで、あれこれ悩んでいる時はまず、あなたの悩みを思いつくだけ書き出

ギクッ
ハッハッハッ
55
51
あいつ悩めないことに
悩んでるよなー。

して、それが、「自分で悩めることかどうか」仕分けしてみてはいかがでしょう。

どうです？　あなたの悩みって半分くらいの数になりませんか？

では、その残った半分の悩みとどう付き合うかは、この先探っていきましょう。

人は、「悩むな」と言われても悩んでしまう。どうせ悩むなら、「自分にできること」だけ思いっきり悩もう。

目が、見えるものを決めるのではない、意識が見えるものを決める

◉グチのネタばかりに目を向けていると……

ある日のカフェで、見知らぬ女性グループが、大きな声で話をしているのが聞こえてきました。

「もうちょっと気をきかせてくれてもいいのに……」

「前はやってくれたのに」

「そんなことするなんて信じられない！」

ほとんどすべての会話が、現状や相手への不平不満、自分がいかに軽んじられているか、いかにツイてないかという、いわゆる〝グチ〟なんです。

グチを言えば、たしかにスッキリします。でも、いつもグチばかり言っていると、

自分の意識が、「不平不満」のほうに向いてしまいますから、**ふだんから「不平不満」ばかりが目につきやすくなってしまう**んです。

それでは、そんなことをすごく私が実感できた、ある日の出来事をお話します。

◉ある日のディズニーランドで……

子供の頃以来、十何年かぶりに、ディズニーランドに行った時のことです。

子供の頃の、記憶の中のディズニーランドは、すごくカラフルで、明るい音楽が流れて、園内のみんなが目をキラキラさせて笑っている、そんな夢の国のようなイメージだったんです。

ところが意外だったのは、大人になってディズニーランドを冷静に見たら、結構「つまらなそうにしている人」もいるんですよ。

その日は、急に大雨が降ってきたせいもあったんですけど、雨の中、つらそうにアトラクションに並んでいる人がいたり、地面にへたり込んでいるご家族がいたり、私の印象では、三分の一くらいの人は、楽しそうというより、疲れきっているように見えたんです。

そんなことに気づいたら、ヘンなイタズラ心が出てきて、わざと園内にいる「つまらなそうにしている人」に、片っぱしから「意識」を向けてみたんですよ。

すると、いるわいるわ。中にはケンカしているカップルがいたり、家族できているのに「帰る、帰らない」でもめているご夫婦がいたり、そんな「つまらなそうにしている人」たちがドンドン目につきだしたんです。

さっきまでミッキーや、シンデレラ城に気をとられて見えなかったものが、ちょっと「意識」の向ける方向を変えるだけで、急に見えてきちゃうんですね。夢の国にも、「つまらなそうにしている人」たちがいるなんて、それまで全然気がつきませんでした。

よく「ものごとは良いことばかりでもないけれど、悪いことばかりでもない」なんて言われますけど、それは夢の国であるディズニーランドでさえも例外じゃないんですね。

ミッキーがいるというのも、「つまらなそうにしている人」がいるというのも、どちらも本当のディズニーランド。それが現実。「そのどちらを見るか」だけは、自分が選べるということなんですね。

もし私が、冒頭のカフェにいた主婦たちに、

「そんなにいつも不平不満ばかり言っているのは、ディズニーランドの中にいるのに、つまらなそうにしている人ばかり探して見ているのと同じですよ！」

なんて言ってしまったら、きっと主婦たちは怒って、こんなふうに反撃してくるに違いありません。

「あんた、ナニ言っているの！　今はグチ言ってるけど、私たちだってディズニーランドに行ってまで、わざわざつまらなそうにしている人なんか見ないわよ！」

あらあら、私たちはふだんから、ディズニーランドよりずっと大きくておもしろい、「人生」というテーマパークの中にいるんですよ。

あなたはそんな「人生」というテーマパークで、つまらなそうなものばかり探して見ていませんか？


「人生」というテーマパークにも、閉演時間はあります。それまでは、お好きなものをご覧になれます。

オール・オア・ナッシングで考えない

◉自分を全否定しない

人から怒られるって、一番うれしくないですよね。とにかく落ち込む。

昔の私も、ちょっと怒られただけですぐ耐えきれなくなって、一週間で仕事を辞めたりしていました。

実際、その頃の私が、どんなふうに考えていたかというと、まずは次ページの図からご覧ください。

この図のような感じで、自分を全否定しちゃうわけですよ。

これはつまり、「一部を全体として見ている」んですね。

「杉田さん、パソコン、もっと勉強してください！」と怒られた時

私って、パソコンできないよなぁ……

▼

というか私、仕事できないよなぁ……

▼

そういえば、私、甘えて、努力してこなかったよなぁ……

▼

ということは、私の人生ダメだよなぁ……

▼

ん？　ということは、私＝ダメ？

▼

も、もしかして、私＝無価値？

▼

生まれてどうもすみませ〜ん！

私が怒られた「パソコンできない」というのは、「自分の一部」にしかすぎないのに、まるで「自分全体」を否定されたかのようにとらえているんです。そりゃ、落ち込んじゃいますよね。

◉怒られたことがどれくらいか「絵にしてみる」

でも、「自分の一部にしかすぎない」ということが、頭ではわかっていても、いざ怒られている時は、あまりそうは思えないこともあるかと思います。

そんな時は、**怒られたことがどれくらいか、「絵にしてみる」**といいんです。

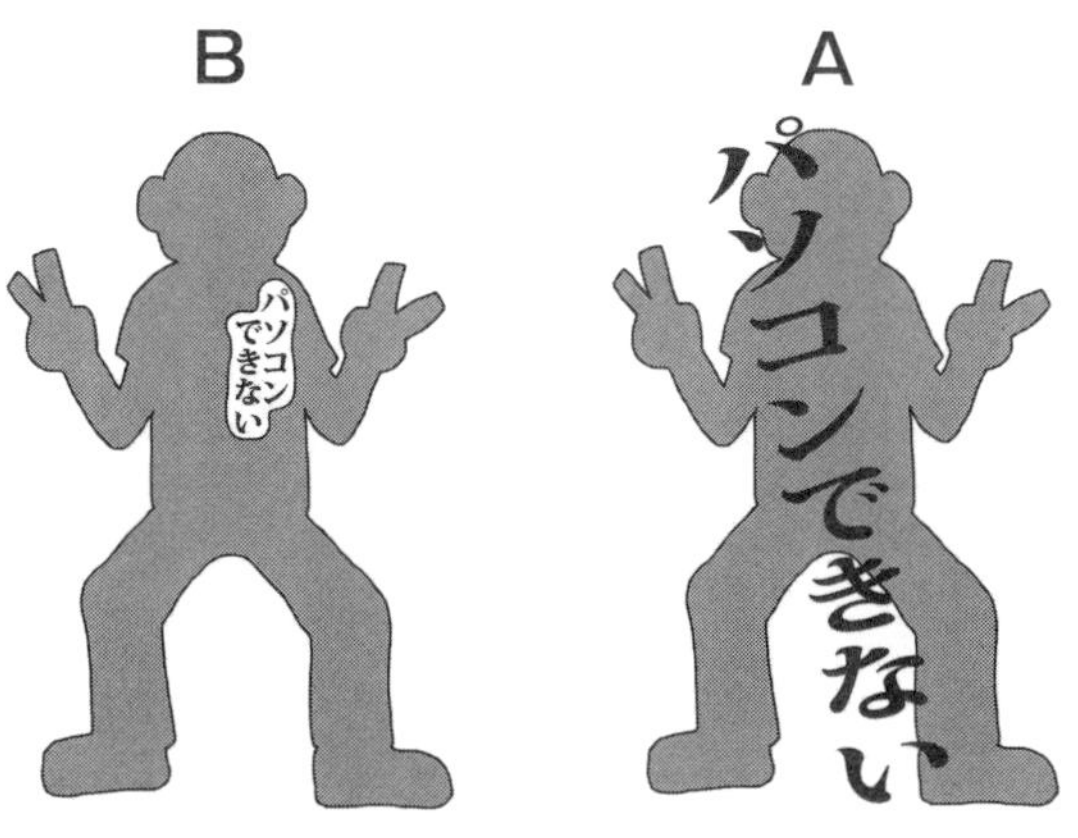

怒られた時というのは、全身に水を浴びせられたような気分になりますから、自分が前ページのイラストのAのような状態だと思えます。

でも実際、「パソコンできない」というのは、Bのような状態ですよね。あなたには他にもたくさんの、「できること」も「できないこと」もあって、「パソコンできない」というのもその中の一つにすぎません。

そのたった「一つだけ」が怒られているんです。

そう考えると、気分が少し楽になってきませんか？

「メガネは顔の一部です」。「怒られたのはあなたの一部です」。

「それをすることで幸せになれるのか?」を判断基準にする

◉自分を苦しめている「思い込み」ありませんか?

私が小さい頃は、まだテレビが一家に一台の時代だったので、「チャンネル争い」ってモノが存在しました。今考えるとなんか笑っちゃいますね。

私の家族でも、時々父と子供たちの間で「チャンネル争い」が起きましたが、そんな時、父はいつもこう言うんです。「大人はニュースを見なきゃダメだ」って。今にして思えば、父は子供たちの見たいアニメなんかにまったく興味がなく、もっともらしい理由をつけて、自分の見たい番組を正当化したかったんだろうと思います。

でもこういう言葉を繰り返し聞くことで、「思い込み」って生まれますよね。「あっ、大人になったら、ニュースを見なきゃいけないんだ」って。

それと似たようなことで、父は他にも「新聞を読まないなんて、大人じゃない」なんてこともよく言っていました。

だから私は、父から直接、「ニュースを見ろ！」とか、「新聞を読め！」とか言われてはいないのに、やっぱり大人になったら、「それぐらいしなきゃダメなんだな」って思うようになっていたんです。

でも、ニュースや新聞って、本当にすべての人に必要なんでしょうか？

そりゃ社会人なら、新聞は読んだほうがいいと思うんですけど、でも本人が、「特にその情報が必要ではない」、しかも「読んでも楽しくない」と思っているのに、それでも「新聞を読まなきゃいけない」って思っているのって、なんかヘンですよね。本人に全然メリットがない。

それから、テレビのニュースに関しても、「最近の暗いニュースとか見てると、なんか不安になっちゃうんです」なんて言いながら、「とりあえずニュースだから見なきゃ」とか思っている人もいたりします。

たしかに世の中の出来事を知るのは大切かもしれないけれど、たとえば、殺人事件のニュースを何度も繰り返し見たり、犯人の詳細を知るのって、そんなに必要なのでしょうか。もしそれで不安になったり、気分が悪くなるくらいなら、見ないほうがいいですよね。

ということで、ここまでは、「大人はニュースを見なければいけない。新聞を読まなければいけない」という「思い込み」についてお話ししましたけど、他にも、**世間ではそうするのが当たり前のように思われているけれど、じつは自分にとってマイナスなのに、それに気づかずにやってしまって苦しんでいる、**そんな「思い込み」って結構あると思うんです。

たとえば、英語が必要でもないし、スキでもない人が、「英語くらい話せなきゃ」なんて思い込んでいることがありますよね。そういう人は、当然モチベーションが低いですから、英語の勉強を始めても続きません。何度も挫折しては、できない自分を責めます。

また、「みんなと仲良くしないといけない」なんて思い込んでいる人もいます。

たしかにみんなと仲良くしたほうがいいとは思います。ただ「人それぞれ」という前提が正しいのなら、自分が「仲良くできる人」と、「仲良くできない人」がいても不思議ではないですよね。それなのに、「仲良くできない人」がいると、一方的に「自分が悪い」と思って、自分を責める人がいます。こういうのも自分を不幸にする一つの「思い込み」ではないでしょうか。

◉自分を不幸にする思い込みは、人それぞれ違う

そんな自分を不幸にする「思い込み」の中で、私が最も苦しんだのは、「仕事」に関する「思い込み」でした。

「仕事はガマン料だ」、「仕事はイヤなことやってナンボだ」

高度経済成長時代を生き抜いた父は、けっして悪気があって言ったわけではないと思います。でもこんな父の言葉から、私は、「そうか、仕事って自分がイヤなことをガマンしてやるもんなんだ。楽しいことやっちゃダメなんだ」って思ったんですね。ところがどうも私は、仕事をガマンして続けていく能力がなくて、辞め続けてしまいました。

私は今でも父の言っていた、「仕事はガマン料だ」、「仕事はイヤなことやってナン

ボだ」ということは、ある意味、正しいと思います。でも、いくら正しくても、自分に「合わない」ことってあるんですね。どんなに健康に良い食べ物でも、自分が嫌いだと食べられないように。

そんな私も、立ち直っていく過程で、自分を不幸にする「思い込み」に気づいていったんでしょう。「アレ？　イヤなことをガマンするだけが仕事じゃないのかも……」と思って行動し始めたら、なんだか楽になって、気がつけば今の仕事をしていました。もしあのまま、「仕事はイヤなことやってナンボだ」と思い込んでいたら、今でも仕事を辞め続けていたと思います。

でもこれは、「だからあなたもイヤな仕事辞めて、スキなことやっちゃいなよ！」とかオススメしているわけではありません。これはあくまでも私の中にあった、自分を不幸にする「思い込み」を捨てたというだけで、あなたを不幸にする「思い込み」は、また違うと思います。

◉「思い込み」に気づくには？

今の私は、自分のやっていることに、どこか違和感を感じる時は、シンプルにこう質問してみます。

「～することで、私は幸せになれるのか？」

あまりにシンプルすぎるがゆえに、こういう質問、ふだんなかなかできないんですよね。

たとえばこんな感じです。

「ニュースを見ることで、私は幸せになれるのか？」

「新聞を読むことで、私は幸せになれるのか？」

「イヤな仕事をガマンすることで、私は幸せになれるのか？」

この質問の答えは、人それぞれ違います。

ニュースを見たほうが幸せになれる人もいるし、見ないほうが幸せになれる人もいる。

新聞を読んだほうが幸せになれる人もいるし、読まないほうが幸せになれる人もいる。

イヤな仕事をガマンしたほうが幸せになれる人もいるし、ガマンしないほうが幸せになれる人もいる。

今あなたが毎日やっていることで、どこか違和感があることはありませんか？
そして、それをすることは、本当にあなたを幸せにしていますか？

「趣味の一つくらいないといけない」と言っている人の趣味は、どこか楽しそうじゃない。

前向きになりたい時、最初にやるべきこと

◉「気持ち」はいつも間違っていない

まだまだ本書も始まったばかりですけど、ここまでいかがでしたか？

「悩めることを悩まなきゃ」とか、「良いことに意識を向けなきゃ」とか、「自分が幸せになることしなきゃ」とか、いろいろ考えた方もいらっしゃるかもしれません。

でも本書を閉じたあと、そんなことはすっかり忘れて、悩めないことを悩んでしまったり、悪いことばかり考えていたり、ヘンな思い込みにとらわれていたり……なんてことも、ないとは言えません。

そういう時って、自分に「ダメ出し」しますよね。「あ〜、何やってんだろう。悪いことばかりに意識を向けちゃダメ。もっと良いことに意識を向けなきゃ」なんて。

でも、そんなふうに自分の気持ちに「ダメ出し」して、前向きな気持ちを持とう持とうと思っても、いつまでたっても持てないことってありませんか？

多くの人は、「気持ち」を変えたい時、「Aと思っちゃダメ、Bと思わなくちゃ」と自分に「ダメ出し」することで、「気持ち」を変えようとします。

ところがコレ、じつはかなり不自然なことをやっているんですよ。

なぜなら**「気持ちはいつも間違っていない」**からです。

たとえば、気温が一五度の日に、あなたは「暑い」と思って、あなたの友人は「寒い」と思ったとします。これって、どちらかの「気持ち」が正しくて、どちらかの「気持ち」が間違っているなんてないですよね。

ということは、「Aと思っちゃダメ、Bと思わなくちゃ」というのは、「一五度で〝暑い〟はダメです。〝寒い〟と思わなくちゃ」みたいな話を自分に言い聞かせているのと同じなんですよ。

それはいくらなんでも不自然な話でしょう。だってこっちは暑いから、「暑い」って言っているんだから、それを否定されても困るわけです。

ということで、もしあなたが、「気分が晴れない」と思うのなら、あなたにとって気分が晴れないだけの理由があるんだろうし、もしあなたが、「アイツは憎たらしい」と思うのなら、あなたにとって、アイツが憎たらしいだけの理由があるんだろうし、あなたのその「気持ち自体」はけっして間違ってないんですよね。

◉好ましくない気持ちの存在を認める

でも、あなたがそういったAという「気持ち」を、「好ましくない」と思っている、できれば、そう思いたくないと思っている。そんな時どうすればいいかというと、**あなたの中の「好ましくない気持ち」を排除するのではなく、自分の中に「在《あ》るもの」として認めること。**まずはこれがスタートなんです。

「心の悩み」って、「体の病気」と似ています。

人は体からの「調子が悪い」というSOSサインを無視し続けると、大きな病気になりますよね。

「心の悩み」もそれと同じで、自分の中にある、「好ましくない気持ち」を無視することから始まります。無視され、排除されそうになった気持ちは、あなたにその存在に気づいて欲しくて、よけいに強く暴れて存在をアピールしてくるわけです。それが「心の悩み」となって表れます。

◉気持ちを、ただ言葉にしてみる

となると、多くの人がやっている、「Aと思っちゃダメ、Bと思わなくちゃ」とは、「Aの存在を否定」していることになりますから、逆効果ですよね。

ですから、「Aと思っちゃダメ、Bと思わなくちゃ」の代わりに、こんなふうに自分に言い聞かせてみるのはいかがでしょうか。

「今はAだけど、Bになりたい自分もいる」

（例）「今は気分が晴れないけど、前向きになりたい自分もいる」
「今はあいつを憎たらしいと思うけど、もう少し好きになりたい自分もいる」

こういうのが、ありのままの「気持ち」ですよね。一つに決められないというか、いくつもの気持ちが重なり合っているのが自然だと思うんです。

テレビの学園物ドラマでも、まわりからさんざん否定されて、暴れている不良を立ち直らせるには、もっと否定することではなく、「存在」を認めてあげることでしたよね。

Aという「好ましくない気持ち」の存在にも気づいてあげると、「やっと気づいてくれたかぁ」ってちょっとだけあなたに優しくなって、前向きになるお手伝いをしてくれるはずですよ。

「思ってはいけない」と思ってはいけない。

この章を読んで、あなたの頭に浮かんだことはなんですか？

第3章

「ガンバれない時」の正しい悩み方

「やらなきゃいけないのに、ついダラダラしちゃうんです」、「何をやっても続かないんですよ」、「ガンバってないなと思って、いつも自己嫌悪に……」、そんなふうにいつも「ガンバる」にこだわってしまうあなたへ、心を込めてこの章をお贈りします
ガンバれない時は、こんなふうに悩んでみるのはいかがでしょう。

休日を充実させるコツ

◉一点集中で行動を変えてみる

休みの前日までは、「あれやって、これやって」なんていろいろ考えてはみるものの、結局何もしないで一日が終わってしまう。そんな、「家でついダラダラすごしてしまう」という悩みを持っている人って、カウンセリングの現場で多いんです。特に社会人になって数年の若い世代に多い悩みでしょうか。

そんな私も、かつては同じ悩みを持っていたんですけど、ある時、スポーツニュースを観ていて、フトいいアイディアを思いついたんです。

野球とかサッカーとか、スポーツの試合を観ていると、解説者が、「このプレーで試合の流れが変わりましたね～」なんて言うことがあるじゃないですか。

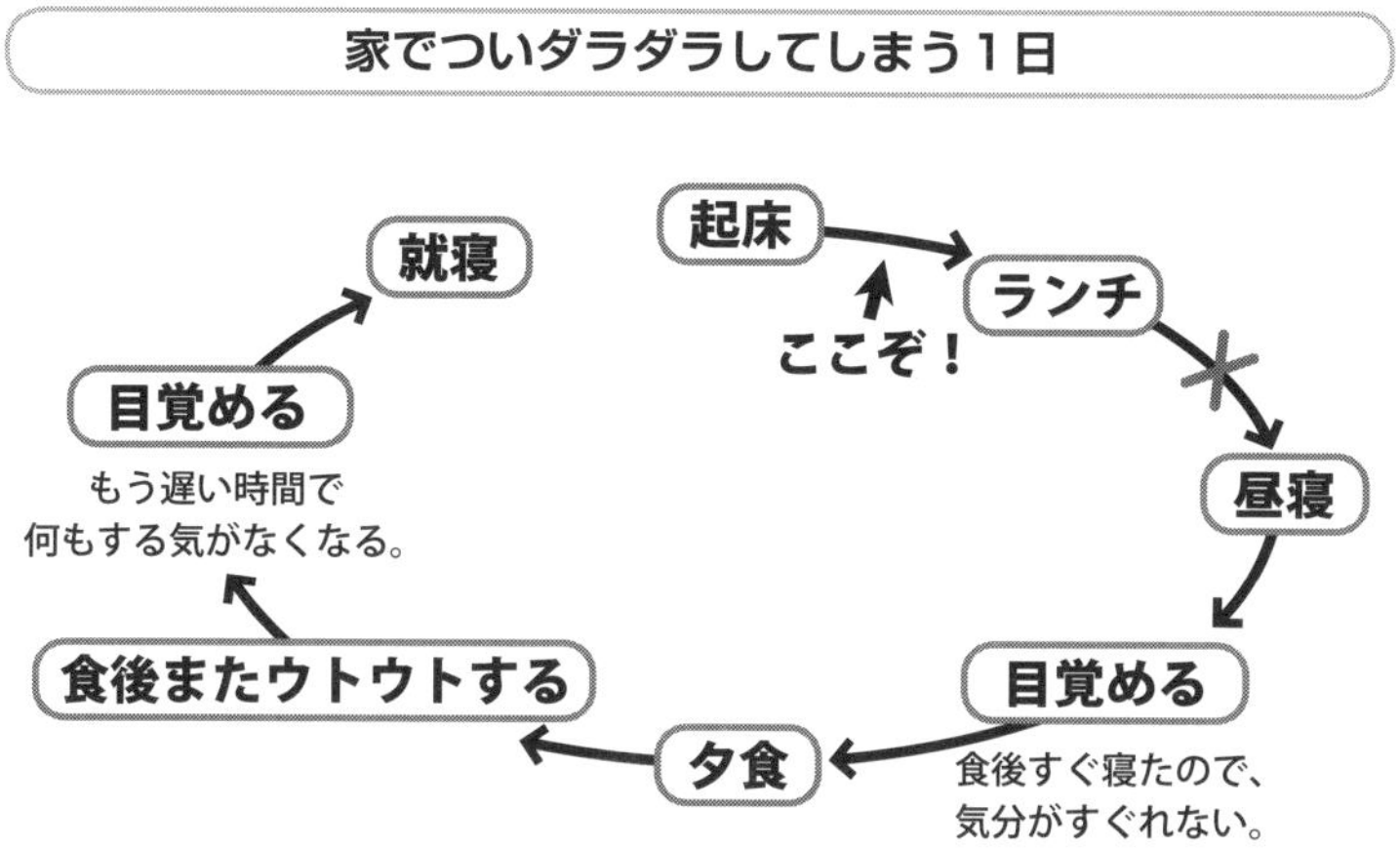

そこで思ったのは、スポーツだけではなく、一日の生活の中でも、その日全体の流れを決める、「ここぞ！」というポイントがあるんじゃないかと思ったんです。

つまり、一日中気合を入れて、完璧にすごすのは難しいとしても、**「ここぞ！」というポイントだけに一点集中すれば、その日一日、なんとかなる**のではないだろうかと仮説を立てたんです。

そこでまず、私の「家でついダラダラすごしてしまう」一日を振り返ってみました。

前の図をご覧ください。もしこの中に一日の流れを決めるポイントがあるとしたら、「ランチのあと」だと思います。おそらくここで「昼寝」をしなければ、なんとか一日がうまく流れるような気がしたんです。でもこんな時、「ランチのあと、昼寝しない！」って目標を掲げるのはあまり良くありません。広告とかで「絶対見ないでください！」なんて言われると、ムズムズして、かえって見たくなりませんか？「昼寝しない！」と目標を掲げているうちは、よけい「昼寝」を意識させられることになりますからね。

それに現実的に考えてみても、休日のランチのあと、おなかがいっぱいになった時に、「昼寝したい、いやダメだ……」なんていう葛藤に耐えるなんて、とても無理な気がしませんか？　そんな場面でその葛藤に耐えられる人は、そもそも休日をダラダラすごしたりはしないでしょう。もっと無理のない方法で、「昼寝をしないように」考えなければなりません。

では、こんな時はどうすればいいかというと、ランチのあと、「昼寝したい、いやダメだ……」という**葛藤が起きないようにすればいい**んです。つまり、「昼寝」というのは、家にいるから寝てしまうわけで、もしこの時、家にいなければ、この葛藤は起きないということになります。

それで考えたのは、「あっ、ランチの前までに外出してしまえばいいんだ！」と思ったんです。ですから私にとっての「ここぞ！」というポイントは、一日中気合を入れてガンバることでもなく、「ランチのあと、昼寝しない」と注意することでもなく、自分のすべてのエネルギーを「ランチの前までに外出する」という、ただ一点に集中することにしました。

と言ってもこれは、「どこに外出するか」は問題ではなく、「外出することそのもの」が目的ですから、「近所のカフェに行けばいいや」と敷居の低い外出をしました。これを実際にやったら、とてもうまくいったんです。流れに乗って、その日一日をいい感じですごせました。ですから今では、いい休日をすごしたい時は、こう考えます。「ランチの前までに外出できれば完璧。あとは何もできなくてもOK」って。

あなたの一日に流れを決める「ここぞ！」というポイントはどこですか？
そして、そこで何をしますか？

葛藤に「耐えよう」としない。葛藤は「起きないように」する。

自己嫌悪の正体

◉「自己嫌悪」すると、よけい悪くなる

「家で資格試験の勉強をしようと思うのに、できない」とか、「不倫をやめようと思うのに、やめられない」とか、そんなふうに自分でやろう（または、やめよう）と思っていることができないと、あとで落ち込みますよね。「あぁ、またやっちゃった。私ってなんてダメなんだろう」なんて。

こういうのが、いわゆる「自己嫌悪」ですよね。

ところが実際は、何度も「自己嫌悪」におちいっているのに、一向に改善されないことってありませんか？

「勉強しよう」と思う自己嫌悪スパイラル

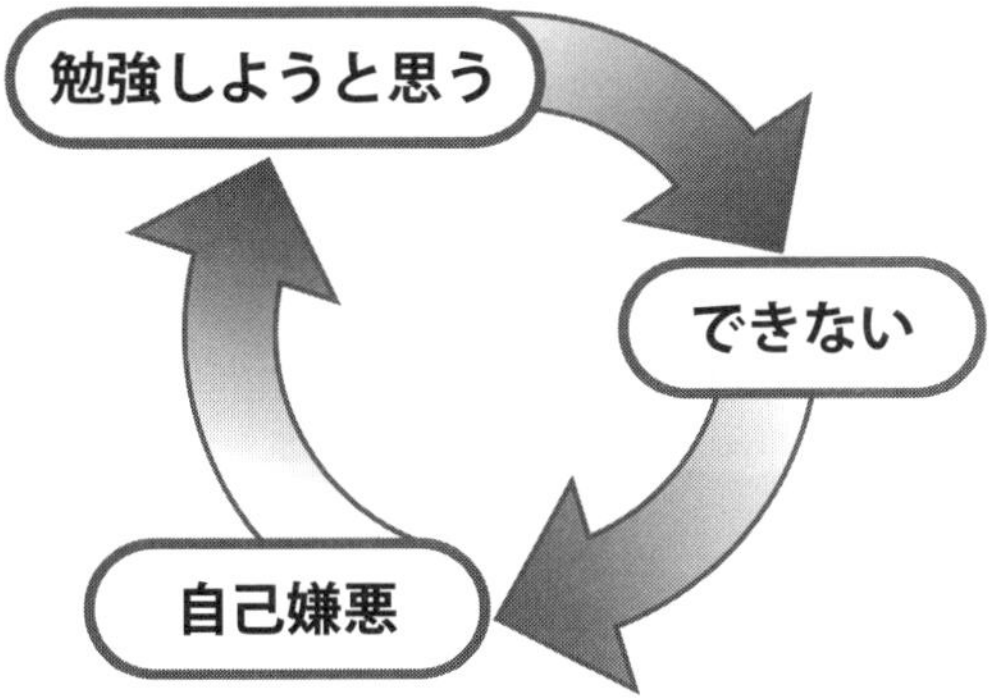

たとえば、「家で資格試験の勉強をしようと思うのに、できない」って、上の図のような感じですよね。

この図をよく見ると、自分では良かれと思って、「自己嫌悪」することが、かえって悪いスパイラルを強化していることがわかります。ここでは、「自己嫌悪するから勉強できない」、という一つの型ができあがっているんです。こういうスパイラルを断ち切る場合は、むしろ思いきって、**「自己嫌悪」しないほうがいい**んですよね。

でもマジメな方は、「自己嫌悪しないなんてとんでもない！　それじゃ反省したことにならないし、自分のマイナス面が直せないでしょ！」なんて思うみたいです。

でもこの「自己嫌悪」というのは、じつはなかなかの曲者《くせもの》なんですよ。

◉自己嫌悪で自分を許していないか？

なぜ「自己嫌悪」が曲者なのかというと、「自己嫌悪」とは、一見本人が反省しているように見えるんですけど、じつはそれは「本当の反省」ではないんです。

それを先に挙げた例でお話しますと、「不倫をやめようと思うのに、続けてしまう」というのは、いくら言いわけしたって、現実はズバリ、「不倫している」わけですよね。でもそれで悩んでいるということは、そんなことをする自分を認めてないというか、「本当の自分は、不倫なんてしない、マジメな自分なんだ」って思いたいんですよね。

つまり、**「自己嫌悪」って、「両方取り」しているん**です。現実では、しっかり不倫しておきながら、「本当の自分は不倫なんてするような人間じゃないよね、マジメな自分だよね」って思うことで、同時に「自分に希望も持つ」ことができるんです。

「家で資格試験の勉強をしようと思うのに、できない」も同様で、現実ではしっかり勉強をサボっておきながら、「本当の自分は、ちゃんと勉強する自分だよね」って思いたいんです。やりたいことをやって、自分に希望も持てて、まさに「両方取り」ですよね。

そうなると**「自己嫌悪」って、「自分で自分を許して、ガス抜きしている」ような気がしませんか？** それって、反省しているのとは逆ですよね。

どうでしょう、あなたは「自己嫌悪」ばかりして、「むしろ自分が変わらないように」していませんか？

自己嫌悪しないことで、自己嫌悪しないこと。

なんでも「ガンバろう」と思わない

◉ガンバることと、その結果の関係

カウンセリングをしていると、私から見れば、十分ガンバっているように見える方が、「ガンバってないから、私、ダメなんです」のような話をされます。

でもどうなのでしょう。ガンバっていないと、本当にダメなんでしょうか？　ガンバっていないと、本当に良い人生をおくれないのでしょうか？

ここではそんな、「ガンバることと、その結果の関係」についてお話をしていきたいと思います。

それではあなたに質問です。

質問①　あなたは明日テストがあります。出題範囲はテキスト一〇〇ページ分。あなたはAとB、どちらのほうが高い点を取れると思いますか？

A　一〇〇ページ勉強する
B　一〇ページ勉強する

まあ、これはAでしょうね。絶対とは言いませんけど、まあ間違いないでしょう。

こういったケースでは、「ガンバる」量と「結果＝いい点を取る」がおおいに関係があるように思えますよね。ガンバればガンバるだけ結果が出るというか。

では二問目です。

質問②　あなたは会社の同じ部署に気になる人（異性）がいます。あなたはAとB、どちらのほうがその人とお付き合いできると思いますか？

A　気になる人に好かれる努力をする

B　何もしない

このへんになってくると、だんだん微妙になってきますよね。「お付き合い」というのは、相手あってのことですから、ただ自分がガンバるだけではどうにもならないこともあります。いくらガンバってもお付き合いできないこともあれば、そんなにガンバらなくてもお付き合いできてしまうこともありますよね。

そうなると、「ガンバる」量と「結果＝お付き合いする」が必ずしも比例しないというか、質問①ほどわかりやすい関係が成り立たないように思えませんか？

でも、何もしないよりは、自分から意識して好かれる努力をしたほうが、お付き合いできる可能性が高そうだから、一応答えはAなのかな？

それでは三問目です。

質問③　あなたは幸せになりたいと思っています。あなたはAとB、どちらをしたほうが幸せになれると思いますか？

A　ガンバる
B　ガンバらない

これはAと答える方が多いのではないでしょうか。
でもこの答えって本当は難しいんですよね。たしかにガンバれば、「達成できること」は増えるでしょうから、その分の喜びは増えると思うんです。
でも**人は、「本当に好きなことはガンバらなくてもできる」**んですよね。

◉ガンバっている時は、やりたくないことをしている

では、ちょっと以下の文章を読んでみてください。文章を読んだ時、どんなふうに感じますか？

「大好物のメロンをガンバって食べる」

どこか不自然だと思いませんか？　大好物なのに、なんでガンバって食べるんだと。喜んで食べられるはずだろうと。もしこの文章が成立するとしたら、「すごくたくさ

んの量のメロンを食べている」とか、「すでにおなかがいっぱいなのに、無理してメロンを食べている」とかいう意味に取れるかもしれません。

では次に、この文章はどうでしょう。

「彼とガンバってデートする」

これは、「彼女は彼を喜ばせようと、いつも以上のデートをしようとしている」とか、「彼女が忙しかったり、体調が悪かったりで大変なのに、時間を作ってデートしている」とか、もしかしたら「あまり好きでない彼のために、無理してデートしている」とか、そんな意味にも取れるかもしれません。

ということは、ガンバるって、基本は「無理」しているんですよ。ガンバっている時って、「もっと自分のペースでやりたい」とか、「本当は他のことをやりたい」とか、「じつはやりたくない」という気持ちを抑えて「エイヤッ！」とやることなんですね。

私は、**目の前に報酬をぶら下げられなくても、人から評価されなくても、自分の内側から湧き出てきて、思わずやってしまうものが「本当に好きなこと」**だと思うんです。人は、そういう時間を多く持てることが幸せな人生なのではないでしょうか。

だとすると、ガンバらないといけない人生って、あまり幸せではないのかもしれません。ガンバっている時って、本人がその時は、「あまりやりたくないことを無理して」やっているわけですから。

でも、私がそんなことを言うと、こんなふうに怒り出す人もいるでしょう。

「じゃあ、なにかい？　人生ってガンバらないでいいの？　そりゃないでしょう！　たとえ〝あまりやりたくないことを、無理して〟ガンバったとしても、その結果、何かを達成できたり、相手が喜んでくれたりして、それで自分が報われればいいじゃないの？」なんて。

では、それを一つの例で考えてみましょう。

◉ガンバると見返りを求めてしまう

ある人が、まわりからは「どう考えても受からない」と言われたのに、高校三年間猛勉強して、東大に受かったとしましょう。

この人は、東大に受かった瞬間は、幸せの絶頂ですよね。これで、睡眠時間を削り、遊びたいのをガマンして勉強した三年間が報われたと。自分を律し、犠牲を払えば払うほど、合格した喜びが身にしみるでしょう。

ただ、そうやってすごくガンバって得たものって、その分、影も大きいんですよね。「私は、これだけ苦労したんだから……」っていう、苦しんだ分の見返りを求めてしまう部分がありませんか?

そうなると、この人がその後、人生であまりうまくいかない時、たとえば就職の時、あまり納得できない仕事についてしまったとか、それほど収入がもらえない時とか、「私は東大を出たのに……」と、よけい苦しむこともあるのではないでしょうか。

私にもこんな経験があります。

私が無職でフラフラしていたある時、「もうこんな情けない生活イヤだ! そうだ、英語ができるようになれば就職できるかもしれない!」なんて思って、二年間ガンバって英語を勉強したんですね。

最初の一年は、アルバイトして留学費用を貯めながら、一日五時間勉強しました。なにしろ私の英語のレベルが低かったですから、朝早く起きて中学生レベルの単語や文法から勉強し直して、その後一年間留学もし、TOEICでも八七五点を取り、今までの人生で一番「ガンバった」と言えるくらい勉強した二年間だったと思います。

ところがその後、私は一年四ヶ月引きこもります。つまり、前より悪い状態になってしまったんですね。

もちろん、私が引きこもった理由は、「就職が決まらないから」ということですが、今になって考えてみると、「あれだけ自分を律し、犠牲を払って勉強したのに……」という想いがあったから、よけい就職できないことがつらくて、引きこもったんじゃないかと思うんです。

もちろん、ガンバって英語を勉強したことは、自分の中では間違いなく成功体験になっています。人にほめられたし、自分にも自信がついたし、他にも多くのことを得てきているのでしょう。

でも、もうちょっと大きな視点、長い時間のスパンで冷静に見てみると、ガンバって手にしたものって、どこか持てあますというか、身にあまるというか、自分で自然に使いこなせないような感じも一方であるんです。

あなたも「ガンバって」手にしたことが、長い目でみれば、結局元に戻ってしまったり、むしろかえって前よりも悪い結果になってしまったことはありませんか?

たとえば、わかりやすい例でいくと、「ダイエット」ってそうですよね。ガンバって一時的には痩せるのに、長いスパンで見ると、元に戻ってしまったり、リバウンドしてかえって前より太ってしまったり、という人がほとんどだと聞きます。それに一度痩せると、「これが私のベスト体重だ」と思いますから、その体重にならない自分を前より厳しく責めるようになるのではないでしょうか。

となると、**「ガンバる」ということは、人生に幸せをもたらすと同時に、濃い影をもたらす**ということです。だから、どっこいどっこいかなと。

◉ガンバらないと幸せになれない?

と、ここまでいろいろお話してきましたが、私がお伝えしたいことは、**「ガンバるということは、幸せに関係ないものではないが、幸せを決める決定的なものではない」**ということなんです。要は、みなさんが思っているほど、「ガンバる」は幸せに関係ないのでは、ということです。

でも、ほとんどの人が、「ガンバらないと幸せになれない」と思っているんですよね。

なぜなら、日本に生まれたら「ガンバりなさい」のシャワーを浴び続けるからです。

「ガンバればいいことある」って親、先生、テレビ、映画、小さい頃聞かされる昔話やアニメにまで言われたら、そりゃ、みんなガンバりますよね。

私も昔は「ガンバれば幸せになれる！」って信じて生きてきましたから、悩んでいた頃のほうが、今よりはるかにガンバって生きていたと思います。ところが不思議なことに幸せじゃなかったんですね。

では問題はなんなのか？

私は「ガンバる」こと自体は、全然悪いことではないと思うんです。

ただ問題なのは、**「何を」をガンバるかってこと**です。

日本に生まれ育つと、「ＨＯＷ（どうやって、どのくらい）ガンバるか」という話はよくされますが、**「ＷＨＡＴ（何を）ガンバるか」という議論が抜け落ちている**んです。いつの間にか、**「なんでもかんでも」ガンバることが良いことだと思わされているような気がしませんか？**　ガンバっていないと罪悪感さえ感じるような。

でも私は、「なんでもかんでもガンバればいいってもんじゃない」と思います。自分が望んでいないこととか、これをすれば人から評価されるとか、**「自分の軸」**がないまま「ＷＨＡＴ（何を）ガンバるか」を選んでしまうと悲劇だと思います。

私の場合は、本当は英語なんか嫌いだったのに、ただ就職したくて、つまり他人から評価されるためにガンバっちゃったんです。今でも英語は全然好きではありません。たとえあの時、就職できたとしても、好きでない英語を使う仕事を続けていくのは、長い目で見てどうだったのかなと思います。

東大に受かった人も、本人が本当に東大に行きたいという理由があってガンバるのはいいと思うんですけど、たとえば親の期待に応えるためにガンバったとかであれば、そのあとはつらいと思うんです。

そうやって、「自分の軸」がないものをガンバったとしても、目標を手に入れた瞬間は良くても、長い目で見るとその後の人生を微妙に狂わしていくと思うんです。

ただ人生は、「やりたくないこともしないと、よけいつらくなる」という面もありますから、「自分はやりたくないけど、ガンバらないといけない」という場面も出てくるわけです。でもそんな場面でも、できるだけ「自分の軸」を意識して、「何を」ガンバるか選ぶことは大切だと思います。

●ガンバることを限定してみる

そこで私は「なんでもかんでも」ではなく、「何を」ガンバれば自分は幸せを感じるか、試してみたんです。

まず最初は、「まったくガンバらない」という生活を試してみました。

結果、これはどこかもの足りない感じがしました。ストレスは少ないのですが、現状を維持してしまって、新しい世界が広がっていかないんですね。それが結局は不満に感じました。

次に、ガンバることの数を限定してみようと思って、自分で決めた二つのことだけガンバってみることにしました。すると、生活のバランスがずいぶんと良くなった気がしたんです。

その時、私がガンバったのは以下の二つでした。

ガンバる時その① 「新しいことを始める時」

新しいことを始める時って、めんどくさいじゃないですか。でも「最初の一回だけ」はヤル気がなくてもガンバってやることにしています。そうしないと新しい世界が開けませんよね。

ここで「最初の一回だけ」はヤル、としているのは、たとえばジョギングを始める時であれば、「これから三ヵ月走る」と考えて始めるよりは、「今日一回だけやってみる。それさえできればOK」って考えたほうが、心の抵抗が少ないからです。その時点の目的は「続ける」ことじゃなくて、「始める」ことですからね。

では一回だけやってみて、イイ感覚がなかったら?

もちろんやめちゃえばいいんです!

ガンバる時その② 「何かを続けたい時」

たとえば「英語の勉強を続けよう」と思ったら、「ガンバらなくても勉強できる」回数や時間を決めるんです。毎日は無理でも、週三日なら大丈夫とか。

もし忙しかったり、ちょっとヤル気がでなかったりして、「ガンバらなくても勉強できる」回数や時間がクリアできそうもない時は、ちょっと無理してガンバっちゃいます。

誤解しないでいただきたいのは、私がやったこの二つをガンバれば、あなたも幸せになれるという話ではないということです。

あなたが、「何を」ガンバれば生活のバランスが取れるかは、それぞれ違うと思います。まったくガンバらないほうが幸せになれる人もいるし、五個ガンバることがあったほうが幸せになれる人もいるということです。

どうでしょう、あなたは今、ガンバっていないから、悩んでいるのでしょうか？

それとも、「なんでも」ガンバろうとしているから、悩んでいるのでしょうか？

「何を」ガンバるかは、「あなた」が選べる。

この章を読んで、あなたの頭に浮かんだことはなんですか？

第4章

「自分に自信が持てない時」の正しい悩み方

「まわりの人は普通にこなしているのに、なんで自分だけできないんだろうって……」、「いつも人の顔色ばかりうかがって、自分が出せないんです」、「どうしたら自信が持てるのかわからなくて……」、そんな自信のなさとけなげに戦い続けているあなたへ、この章を心を込めて贈ります。

自分に自信がない時、こんなふうに悩んでみるのはいかがでしょう。

不完全だからこそ愛されるあなたがいる

◉人は足りない部分が気になるもの

下の絵をご覧ください。このリンゴの絵、どこが一番気になりますか？

欠けている部分ですよね。でもこのリンゴ、欠けている部分以外は完璧なのに、なかなかそちらには目を向けられないんですよね。

あなたが一人で考え事をする時なんかも、やっぱり自分のダメな部分が妙に気になったりしませんか？

お金が〈ない〉、時間が〈ない〉、カワイく（カッコ良く）〈ない〉……自分が持っていないものや、できないことが次々と浮かんできて、どんどん不安になることとかありますよね。特に夜に考え事する時なんか。

◉赤ちゃんが愛される理由

そんなふうに、人は足りない部分に目がいきやすいですから、どうも自分の〈ない〉部分を恐れ、毛嫌いしてしまうんですけど、ある本を読んだ時、〈ない〉に対する考えが変わったんですよ。

「欠点があるからこそ人間を愛せるとおっしゃるのはなぜでしょう」と聞く、アメリカを代表するジャーナリストであるビル・モイヤーズの質問に対して、世界的な神話学者であるジョーゼフ・キャンベルがこう答えています。

「キャンベル　子供たちが可愛いのは、しょっちゅう転ぶから、それに小さな体に似合わない大きな頭を持ってるからではありませんか。ウォルト・ディズニーはそういうことをすっかり心得たうえであの七人の小人を描いたんじゃないでしょうか。それに、人々が飼っているおかしな小型犬、あれだって、とても不完全だからこそ可愛いんでしょう。

モイヤーズ　完璧な人間なんて、もしいても、退屈な人間だろうと?

キャンベル　そうなるほかないでしょう。人間らしくありませんから。人間のへそのように中心的な要素、つまり人間性があってこそ、人間は――超自然的ではなく、不死不滅でもない――人間らしい存在になれるのです。そこが愛すべき点です。（後略）」

（『神話の力』ジョーゼフ・キャンベル＆ビル・モイヤーズ著、飛田茂雄訳／早川書房刊）

このくだりを読んだ時、ハッとなったんですよ。考えてみれば、人が「愛《いと》おしい」と思うものって、たしかにどこか「不完全」なものなんですよね。

日本人が一番わかりやすい例でいくと、映画の寅さんとか、ミスターこと長嶋茂雄さんなんかそうですよね。何かが大きく欠けているからこそ、よけいみんなから愛されている。

もっと身近な例でいくと、男以上にバリバリ仕事ができる女性は、会社で妬《ねた》まれたりして風当たりが強いことも多いですけど、その女性にちょっと抜けている部分（たとえばちょっと〝天然〟だったりとか）があったりすると、職場でうまくやっていけたりしますよね。こういうのも、どこか不完全なところのある人のほうが愛されるってことじゃないかと思うんです。

それに「赤ちゃん」なんて、まさに〈ない〉の極みですよね。話せないし、歩けないし、一人で食べられないし、なんにもできないのに、なんとも愛おしい。ある意味、「完璧な不完全」とも言える存在かもしれません。

◉愛されるのに、「もっと～ならば」はいらない

ところが私たちは、フト人恋しくなると、

「もっと痩せれば、モテるかもしれない」とか、

「もっと明るくなれば、友達が増えるかもしれない」とか、

「もっと仕事ができるようになれば、みんなから好かれるかもしれない」とか、

自分が「もっと何かを手に入れたり、能力を身につければ」、人から愛されるだろう、なんて考えてしまうんですね。

でも、神話学者のジョーゼフ・キャンベルはそうじゃないと言っているんです。**人は「できる部分」、「持っている部分」があるから愛されるのではなく、むしろ「できない部分」、「持っていない部分」があるからこそ愛される**のだと言っています。

もし、九頭身でスタイルバッグンのミッキーマウスがいても、カワイくないですよね。品行方正な寅さんや、理路整然と話す長嶋茂雄さんがいても、どこか「愛おしい」とは思えない気がしませんか？

〈ある〉から妬まれる。〈ない〉から愛される。

短所は活かせる

◉子供は無意識に家族のバランスを取る

「企業がメンタルヘルスに取り組んでいる」なんていう話を最近よく耳にします。テレビでもそんな特集をやっていて、ある番組でウツになって一年以上休職しているお父さんのいるご家庭のＶＴＲが流れました。家族が食事をしている場面なのですが、重苦しい雰囲気なんですね。そんな中、こんなナレーションがかぶります。

「お父さんがウツになってから、娘がやたらとはしゃぐようになった」

この映像を観た時、なんかせつなくなったんです。「ああ、この娘さん、私だな」って。

この娘さんは、無意識に家族のバランスを取っているんです。まだ小さな子供なのに、けなげに家族を明るくしようとしているんですね。

私も子供の頃、家族がウツになったりして気まずい雰囲気だったので、いつも家族を明るくしようと「気をつかって、はしゃいでいた」んです。だからこの娘さんのせつない気持ちがよくわかるんですよ。

でも問題は、このような子供の頃に身につけてしまったクセって、大人になってからもずっと続けてしまうことが多いことです。私の場合は、この「まわりの人の意向を敏感に察知してバランスを取る」というクセをずっと引きずって、気がつけばとても生きづらくなっていました。

では、なぜ子供の頃に身につけたクセを引きずると、生きづらくなってしまうのでしょうか？　それには、以下の理由があります。

子供の頃に身につけてしまったクセを、「家族の中だけ」で発揮している分には、まだ問題がありません。家族からそれなりに感謝されるので、本人は自分のやったことが報われたような気がします。

ところが、「家族以外の場所」でそのクセを発揮しても、まわりの人たちは赤の他人ですから、本人が期待するほど感謝や見返りをくれません。

たとえば会社で、家族の中でやっていたように、気をつかって社内のバランスを取ろうと奮戦しても、上司や同僚はそのことをあまり気づかなかったり、評価してくれなかったりします。そうなると、本人はどんなにガンバっても報われない気がするので、疲れ果ててしまうんです。

そして、本人はそんな子供の頃に身につけてしまったクセを、「まわりに気をつかいすぎる」とか、「自分がない」など、自分の「短所」として自覚し、苦しむようになります。

◉短所と長所は、じつは同じことのウラとオモテ

ところがそんな自分が「短所」だと思っていることも、じつは「状況」さえ変えれば、活かせることがあるんです。

私の場合、「気をつかって、はしゃぐ」というのは、人が多く集まって楽しもうとしている状況、たとえば飲み会なんかで発揮すれば役に立ちます。〝おもしろい人〟と思われて、次も人から誘ってもらえます。そんな出会いから、いろいろなつながりを作ることができました。

それに「まわりの人の意向を敏感に察知する」というのも、心理セラピストとして、今まさにそれが役立っています。

そういえば、私が心理セラピストになったキッカケも、「打たれ弱さ」ゆえに、仕事が続かず、就職できない私に対して、友人がこんなことを言ってくれたからなんです。

「どうして杉田さんが就職活動しているんですか？　杉田さんは感度が高いんだから、それを活かす仕事をすればいいじゃないですか？」

友人には何気《なにげ》ない一言《ひとこと》だったかもしれません。でも私にとっては、この一言は衝撃でした。友人は、私がずっと「短所」だと思っていた「打たれ弱さ」を、「感度が高い」と表現してくれたんです。

そうか！　私は「感度が高い」んだ！

だったらその「感度の高さ」が活かせる「状況」で仕事をすればいいんだ！

私はその瞬間、**短所と長所は、結局同じことを言っている**んだということ、そして、自分がずっと苦しんでいた**短所は、「状況」さえ変えれば活かせる**んだということに初めて気づいたんです。

そのことに気づいてから、私の人生は静かに変わっていきました。

◉短所はあなたの天才的な能力かも?

子供の頃に身につけてしまったクセというものは、それを「人生全般で」発揮しようとすると苦しくなります。でも「状況さえ選んで」使えば、それはむしろ「能力」になります。

あなたは気づいているでしょうか?

あなたが子供の頃に身につけてしまったクセって、じつは非常にレベルが高いんですよ。

子供の頃からバイオリンや歌舞伎を習わされている人は、同じものを大人になってから始めた人がなかなか追いつけないほどレベルが高いですよね。

となると、あなたが子供の頃から否が応でも身につけてきたそのクセも、それと同じなんですよ。

たとえば、「人に気をつかう」のような些細なクセでも、子供の頃から気をつかっていた人は、筋金入りですから、誰でも気づかないようなことまでトコトン気がつかえるのでしょう。危機回避、たとえば絶対に粗相をしてはいけない接客をする時とか、大きなサプライズを仕掛ける時とか、そういう人の能力は活かせますよね。

そんなふうに子供の頃から気をつかっていた人は、大人になってから「人に気をつかう」ことを学ぼうとする人が、けっして追いつけないくらいのレベルのことができるんです。これはある意味、あなたは「その分野の天才」と言えるかもしれません。

あなたが短所だと思う、あなたのクセって、なんですか?

そしてそれは、どんな状況でなら活かすことができますか?

短所の数だけ長所がある。

誰にも知られずに自信を持てる方法

◉「根拠のない自信」にも必ず根拠はある

世の中には、歌でも映画でも本でも「自分を信じろ！」みたいなメッセージをたくさん見かけますよね。そういうメッセージが多い理由は、それだけ多くの人が「自信」を持ちたくても持てない、という現状があるからではないでしょうか。

たしかに「自信」とは目には見えないものですが、それが「ある」か「ない」かで、人生が大きく変わってくるような気がします。あなたのまわりを見渡してみても、自分に自信を持っている人って、同じことをやってもパフォーマンスが高くないですか？

たとえばプレゼンだって、人前で話すことに自信を持っている人と、自信を持っていない人とでは、同じ資料を使って、同じ内容を話したとしても、全然結果が違ってきますよね。自信を持って話している人のほうが、なぜか説得力があるように感じられませんか？

ということで、ここでは「どうしたら自信を持てるか？」ということを考えていきたいと思います。

でも、その話の前に、時々こんなこと言う人いませんか？

「なんか根拠のない自信があって……」

あまり自信がない人から見れば、オメデタイというか、うらやましいですよね。そんなこと言える人。

でも最近、そんなこと言う人に対して、「ちょっと待てよ」って思うようになったんです。その人は「根拠がない」なんて言うけど、それってホントなのかなと。

私は、**どんな自信にも必ず「根拠がある」んじゃないか、**と思っているんです。

これを一つの例でお話してみます。

たとえば、今まで一度も「綱渡り」をしたことのない人がいたとします。その人に

「三ヶ月後に三〇メートルの綱渡りを成功させる」という課題が与えられて、それについてその人が、「根拠のない自信がある」と言ったとしましょうか。

この話をよくよく考えてみると、この人は、「根拠がない」と言いながらも、じつはしっかり「根拠があって」言っているんじゃないかと思うんです。この人が「自信がある」と言えるのは、「綱渡り」の経験は一度もないかもしれないけれど、その「綱渡り」に**「必要な要素」に対する自信はある**からじゃないかと。

たとえばもしこの人が大工さんだったら、足場の上を歩いたりすることもあるから、バランス感覚に自信があるのかもしれないし、もしかしたら単に「自分は運動神経がいい」という自信だけで、「綱渡りもできるだろう」と考えているのかもしれないですよね。

また人によっては、バランス感覚や運動神経に対する自信ではなく、「人の技を盗むのがうまい」とか、「目標を達成するノウハウを持っている」とか、そういった自信があるだけでも、三ヶ月あれば「綱渡りもできる」と思うかもしれないですよね。

そう考えると、本当の「根拠のない自信」というのは、ちょっと考えられないと思うんですよ。

もし、その「綱渡り」に対して、「根拠のない自信がある」と言った人に、「次のオリンピックに出場して、金メダルを三つ獲《と》ることはできますか?」と聞いてみたら、おそらく、「根拠のない自信がある」とは言えないと思うんです。

このように、「根拠のない自信」が、「あると言える時」と「あると言えない時」があること自体、自信には必ず「根拠がある」ってことだと思うんですよね。

もし本当に「根拠のない自信」というものが存在するなら、「どんな課題」が出されても、必ず「根拠のない自信がある!」って言えるってことになりませんか?

ということで、結局「根拠のない自信」の正体とは、

「今までそのことを一度もやったことはないかもしれないけれど、そのことをするのに〝必要な要素〟に対する自信はある」

そんな状態を本人がうまく言葉にできないから、「根拠のない自信がある」って表現しているんだと思うんです。

ということで「根拠のない自信」にさえも根拠があるようですから、やっぱり自信を持つには、何か「根拠」が欲しいところですよね。

ところが私もそうでしたが、無職の時とか、自分が落ち込んでいる時って、「根拠」になるようなものなんて、なかなか自分では見つけられないんですよね。

でもそんな時、私、いいことを考えついちゃったんです。

「あるもの」を作ったことが、自信を持つキッカケになったんです。

その「あるもの」とは……、

「デヘノート」！

デスノートじゃないですよ。デ「ヘ」ノートですよ。

◉自分に自信がつく「デヘノート」の作り方&使い方

①友人から言われた良い言葉を集める

友人から言われた言葉やメールの中から、自分に良いことを言ってもらった部分だけを書き出す。これで「デヘノート」完成です。カンタンですよね。

②毎日、「デヘノート」をデヘデヘと読む。

そして、「デヘノート」を毎日読みます。その時、込み上げてくるうれしい感情を一《いっ》切《さい》抑えないことが大切です。たっぷりとその感情を味わってみてください。勢いあまって、マンガのキャラクターが喜んで「デヘ」となっている時のようなアブナイ目になったり、おたけびを上げたり、ヨダレを垂らしたりするのも可です。
（＊ただしその姿を人に見られないように充分注意しましょう）

この「デヘノート」を作ったキッカケなのですが、「自分で」自信になるような「根拠」を見つけられないのであれば、「他の人に」見つけてもらえばいいと考えたん

です。**他人からのポジティブな評価を「根拠」として、自分の自信を引っ張り上げてもらう**わけです。

実際私がこの「デヘノート」を作ってどんなことが起きたかといえば、友人から良いことを言ってもらえる機会が急に増えたんです。

そのわけは、自分が「デヘノート」を読んでうれしかったので、いつの間にか自分が友人に話したり、メールしたりする時に、「相手の良いところ」を言うようになっていたからなんですね。多分、それが自分に返ってきたのでしょう。

悩んでばかりいた頃の私は、友人と会うことなんか月一回あるかないかだったし、携帯電話が二ヶ月も鳴らないなんてこともザラだったのに、「デヘノート」を作るようになってから、友人の数もずいぶんと増えたんですよ。

◉良い評価を「受け取る」という能力

じつはこの「デヘノート」には、もう一つの役割があります。それは、**良い評価を「受け取る」訓練です。**

私がそうだったからわかるんですけど、自分に自信がない人って、せっかく人から良い評価をいただいても、「そんな、そんな、私なんか」って感じで全然受け取ろうとしないんですね。

でも良い評価を「受け取る」ってことも、じつは「能力」なんですよ。ただ待っているだけでは手に入りません。野球のキャッチャーのスキルと同じで、球が飛んできた時、しっかりとミットを構えていないと自分のものにならないんです。

ということで、「デヘノート」は、人の見ていないところで存分に良い評価を「受け取る」訓練もできるわけです。

この「デヘノート」のお話をすると、みなさんから冗談だと思われるんですけど、私は本当にやっていたんですよ。夜中アブナイ目をしながら、デヘデヘして。

やってみると、あなたもバカにできない効果があることを実感すると思いますよ。

ミットを構えよう。球はすでに飛んできている。

この章を読んで、あなたの頭に浮かんだことはなんですか？

第 5 章

「人間関係がうまくいかない時」の正しい悩み方

「会社に苦手な人がいて、つらいんです」、「なんだか気がつくと嫌われているんです」、「いろいろやっているのに、どうしたら人とうまくやっていけるのか……」、そんな人間関係の難しさに疲れているあなたへ、この章を心を込めて贈ります。

人間関係がうまくいかない時は、こんなふうに悩んでみるのはいかがでしょう。

「とっつきにくい人」とどう付き合うか？

◉力の抜けるアダ名を付けてみる

私の友人の話です。人事異動で新しい部署に行ってみたら、とても「困った人」がいたそうです。その困った人、仮にAさんとしましょうか、まったく人の言うことを聞いてくれないんですって。

でもAさんは長年勤務している年配の女性で、誰もうかつなことは言えず、その部署全員がずっとAさんの扱いに手を焼いていたんだそうです。

そういう困った人って、どこの会社にもいますよね。プライベートであれば、ただ近づかなければいいだけですけど、会社だとうまくやっていかないといけない。

そんな中、私の友人が「ほんの些細なこと」を実行したところ、それまでどうにもならなかったAさんがやわらいで、言うことを聞いてくれるようになったんですって。

その「ほんの些細なこと」とは……、
ただAさんを「アダ名」で呼んだんだそうです。

普通会社だと、人を呼ぶ時、「○○さん」とか、「○○部長」とか、「さん」付けや肩書きを付けて呼び合いますよね。でもこの友人は、「よし今日からAさんのこと、アダ名で呼ぼう。『△△ちゃん』というのはどうだろう？」なんておどけて言って、わざとその女性だけ下の名前に「ちゃん」付けで呼び始めたんだそうなんです。

Aさんはふだんみんなから避けられていて、そんなふうに言われるキャラじゃないから、ビックリしたみたいなんですね。でも、「やめてくださいよ～」なんて言いながらも、まんざらでもない様子だったそうです。

◉呼び名は「役割」を与える

この話を聞いて、「アダ名」というか、「呼び名」っておもしろいなぁと思ったんです。

私、杉田《すぎた》隆史《たかし》という名前なので、ふだんは「杉田さん」とか、普通に呼ばれることが多いんですけど、幼なじみは、「杉ちゃん」て呼ぶし、留学で出会った友人たちは「タカシ」って呼ぶし、そういえば一部、「杉さま」とか、私が丸刈りなんで「お坊さま」なんて呼ぶ人もいたりで、気がついてみると、結構いろいろなアダ名で呼ばれているんですね。

おもしろいのは、アダ名で呼ばれると、一瞬にして「その名前で呼ばれた時の自分」になってしまうことなんです。

ほら、たとえばクラス会とかで、昔の仲間に久々にアダ名で呼ばれると、それが引き金になって、急にその頃の自分に戻ってしまうような感覚ってありませんか？　何年も会っていなかったのに、一気に昔に戻ったような気がする。

それから、アダ名とはちょっと違うかもしれませんが、家の外で「〇〇さん」と名字で呼ばれていた人が、家で子供から「お母さん」て呼ばれると、やっぱり一瞬にして「お母さん」になっちゃいますよね。その呼ばれた役割を果たそうとするというか。

そう考えると、自分がどう呼ばれるかって、結構大切になってきますよね。

だから私の友人のやった、困った人を「アダ名で呼ぶ」というのは、ふざけたやり方のようで、じつは理にかなっていると思うんです。

そりゃその女性も「△△ちゃ〜ん」なんて呼ばれたら、力が入らなくなりますよね。それはアーノルド・シュワルツェネッガーのことを、「シュワちゃん」と呼ぶのと同じです。アダ名ひとつで、その人に今までと違う一面や役割を与えることができますよね。

ただ、会社であれば、困った人や嫌いな人が上司だったりして、なかなか人前でアダ名で呼べないことも多いと思います。

そんな時は、仲の良い人との間でだけ、その人をアダ名で呼んでもいいし、誰の前でも言えないんだったら、自分の心の中で

だけアダ名で呼んでもいいんです。

「アッ、ヒロぴょん、また陽気なことしちゃっているよ！」とか。

そうするとなんか気が抜けて、「まぁしょうがないな」と、その人に対する印象が微妙に変わってきたりします。

あなたが一番手を焼いている人は誰ですか？

その人に、どんな〝力の抜ける〟アダ名を付けちゃいましょうか？

パ行のアダ名は力が抜けやすい。「○○ピョン」、「○○プー」、「○○ポン」。

何が人を動かすか？

◉正論は人を動かさない

昔、私がある会社で一緒に働いた人で、いい意味で正義感が強いというか、悪い意味でガマンできない人がいました。仮にBさんとしましょうか。そのBさん、「あの人は仕事ができないからなんとかして欲しい」とか、「私情をはさんだ人事はおかしい」とか、問題に気がつくと、すぐに直接トップの人に話しに行くんです。

そのBさんの言い分を聞いてみると、たしかに全部正しいことばかりなんです。

ところが、Bさんはそういった正論を言っているにもかかわらず、言い分は通らないばかりか、かえってBさんのまわりは状況が悪くなって、いつもトラブルが絶えないんですね。

そしてついにはBさん、会社にいずらくなったのか、辞めてしまいました。

そんなBさんの姿を見て私が思ったのは、こんなことなんです。

「正論は人を動かさない」

おそらくBさんの今までの人生は、「私は正しいこと言っているのに、まわりがいけないんだ」と憤ることとの連続だったのではないだろうかと……。


正論というのは、自分が相手より少しでも正しいと思うと、つい言ってしまいがちだし、それが相手に聞き入れられないと、「私は正しいこと言っているのに、わからない相手がいけないんだ！」ということになって、そこで「話が終わってしまう」んですよね。あとは、自分の問題ではなく、相手の問題なんだと。

でも、第1章でもお話しましたが、たしかに正論は、まさに正しいんですけど、言えば言うほど、よけい「人を動かさない」ということもあると思います。

●共感こそが人を動かす

では何が「人を動かすのか？」ってことですよね。

まず以下の二つのパターンの会話例を見てください。
あなたならパターン1と2、どちらの友人のリアクションのほうがうれしいですか？

パターン1
あなた「最近、全然仕事のヤル気が出なくて……」
友　人「そんなこと言っても仕事なんだから、やるしかないじゃん！」

パターン2
あなた「最近、全然仕事のヤル気が出なくて……」
友　人「うん、そういう時ってあるよね」

まずパターン1は、「正論」言っています。
でも「悩みがある人に、ただ正論を言えばいいってもんじゃない」ということは、第1章でもお話したとおりですよね。

それに対してパターン2は、「共感」しています。

人は共感してもらえると、心が軽くなって、ちょっとだけ前に進めるようになるんです。

人を動かすのは、「正論」ではなく「共感」なんです。

◉ついやりがちな前向きメッセージ

「共感が大切だってことはとっくに知ってるよ！」なんて思う方もいるかと思います。

でも私たちって「共感」が大切だとわかっていながら、ついつい自分本位な前向きメッセージとか言っちゃいませんか。

たとえば、キレイな女性がいて、「フラれちゃった……」なんて、ションボリしていたとしましょう。そんな時つい励まそうと思って、

「○○さんなんて若くてキレイなんだから、大丈夫だって。○○さんのこと好きだっていう男なんか、世の中いっぱいいるって」

なんて言っちゃいませんか？

これって一見百点満点の答えのように見えるんですけど、その女性の立場から見れ

ば全然落ち込んでいる気持ちに「共感」されていないんですよね。おそらくその女性は、「そうだよね、ありがとう」なんて言いながらも、どこか理解されない淋しさを感じるのではないでしょうか。

むしろ、こんな時はしんみりと、「あー、そういう時って、つらいよねぇ」なんて、まずその女性の気持ちを代弁して、「共感」してあげるのがいいかなと思います。

◉スモール・トークにも共感が大切

「共感」というのは、なにも悩んでいる時だけでなく、日常のさまざまな場面でもよく使われています。

ほら、「スモール・トーク」ってあるじゃないですか。あまり深くならない話。日常のコミュニケーションにおいて、「スモール・トーク」って必須ですよね。特に女性には、女性特有のスモール・トークってあるじゃないですか。

気温が「暑い」か「寒い」かの話から始まって、仕事（家庭）でのグチ、人の噂、食べ物、ダイエット、ショッピング、芸能人の話。深い話を避け、みごとにその話題の中だけで会話が進んでいく。

でもある女性が言っていたんですけど、そんな女性特有のスモール・トークに入っていけないと、女性の世界では仲間はずれにされちゃうんですって。たとえば、ある女性の話なんですけど、人から「暑いですねー」とか言われた時、「エッ？　暑い？　そもそも私、仕事中には暑い寒いとか感じないんですよ」、とか質問にマジメに答えちゃうんですよ。

この場合の「暑いですねー」は、挨拶代わりの言葉で、答えなんかはどうでもいいんですね。単にその女性との出会いがしら、ちょっと言葉を交わして「共感」したいだけだと思うんです。

それなのにその女性が妙にマジメに答えてしまったことで、「共感」が成り立たないというか、その答えは軽く相手を拒絶しているような感じにさえなっていますよね。現にその女性、友人がほとんどいないって言っていましたし……。

このように「共感」がうまくできないことで、どこか人との関係がギクシャクしちゃう人もいるんです。スモール・トークって当たりさわりないようで、じつは当たりさわりあるんですよ。

もちろん人間関係がうまくいっている間柄であれば、正論ばかり言っても、スモール・トークなんかしなくても全然大丈夫なんです。
ただ〝なんか自分がうまくいってないな〟と思ったら、この「共感」ということを思い出してみてくださいね。

どうでしょう、あなたはちゃんと人に「共感」していますか？
ただ正論だけを伝えていませんか？

正しいことばかり言う学級委員は、なぜか人望がない。

知らないうちに人が離れていくワケ

◉「命令形のない命令文」を使っていませんか？

けっしてあからさまに人から嫌われるようなタイプではない。どちらかといえばおとなしくて、謙虚なタイプに見えるのに、なぜかまわりから人が離れていく。でも具体的に何が悪いのか、誰からも注意してもらえない。そんな人の話をここではご紹介します。

テーマは**「コントロール」**です。

たとえば、もしあなたが会社の同僚であるCさんから、こんなこと言われたら、どんなふうに答えますか？

Cさん　「私、ダメだよね。仕事の覚えが悪いし、ミスばっかりしているし、みんなはスゴイよね。あ〜私ってダメだなぁ……」

こんなことを言われると、つい「そんなことないよ！」って、言いたくなりませんか？

他にも、「大丈夫だよ！　できているよ」とか、「私だってダメだよ！」とか、相手をなぐさめるというか、励ます言葉、思わず言っちゃいますよね。

このようなCさんの言葉を、私は「命令形のない命令文」と呼んでいるんです。**相手に命令やお願いをするわけでもないのに、「期待どおりの内容」を相手に言わせる言葉**とでも言うのでしょうか。

これ、聞いているほうが、どうしてこんなふうになぐさめや励ましを「言わされちゃう」のかというと、「人は無意識にバランスを取ろうとするから」なんです。

一躍時の人となってマスコミから持ち上げられたスポーツ選手が、何かをキッカケに一転して激しいバッシングを受けたり、ポジティブすぎる経営者の下に、堅実な側近がいたりするのも、片方に強く振れていると、バランスを取ってグッと押し戻そうとする力が働くからなんですね。自慢する人を軽蔑したり、謙虚な人を持ち上げたくなるのもそういうことなんです。だから「私ってダメだよね」って言われると、「そんなことないよ！」って、グッと押し戻したいような気になるわけです。

そんなふうに考えると、本人に悪気はないんだろうけど、この「命令形のない命令文」を連発している人って身近にいませんか？

たとえば、落ち込むことがあると、そんなに親しくない人にまで、やたらとメールを送ってくる人とかいるじゃないですか。

そういうメールって、「グチっちゃってごめんなさい」なんて最後は一応は謝って、アドバイスを求めるフリはしてくるんですけど、本当は単に「なぐさめて！」という「命令形のない命令文」だと思うんですよ。そんなメールもらったら、もらったほうは、もうなぐさめるしかないですよね。これって一見、気の毒そうなメールですけど、しっかり相手をコントロールしているんですね。

こういう「命令形のない命令文」は、悪気がなく、何気《なにげ》なく言ったりメールに書いたりしてしまいがちなんですけど、あまり連発していると、やっぱり相手を疲れさせてしまうんです。

でも、使った本人があまりそのことに気づいていないことが多いんですよ。

◉ディフェンスのフリをしたオフェンスしてませんか？

それから言葉で言わなくても、**「態度」にも同じような「命令形」があるんです。**

たとえば、仕事でミスをした時、そこまで謝らなくてもいいだろうっていうくらいに、「すみません！　すみません！」って何度も過剰に謝ってくる人っていませんか？

こういう人をはたから見れば、「とても反省しているんだな」って思えるかもしれませんが、もしかしたらこの人は、相手に対して「申しわけない」という気持ちより、「自分が人から怒られたくない」という気持ちのほうが強い場合もあるんです。過剰に謝るのは、「私は反省してるんですよ！」という相手へのアピールと、「私は傷つきやすいから、あまり怒らないでくれ！」というメッセージなのかもしれません。

実際、「すみません！　すみません！」って何度も謝ってくる人に対して、強く怒れないですよね。思わず、「もう大丈夫です」とか、「気にしてないですから」とか言っちゃいますよね。

ということは、過剰に謝ってくる人は、じつは弱いフリしてしっかり相手をコントロールしていることもあるということなんです。これはある意味、**「ディフェンスのフリをしたオフェンス」**なんて言うことができるのかもしれません。

こういう「命令形のない命令文」とか、「ディフェンスのフリをしたオフェンス」って、あまり強くない人が、生きていく上でやむをえず身につけたサバイバル・テクニックなんですよね。

ほら、小動物って小さくて弱い分、敵の少ない大きな動物よりも、生き残るための「知恵」がありますよね。巣作りをしたり、集団で行動したり、まわりの色に溶け込んだり、毒を持ったり……。その人間版が、「命令形のない命令文」や「ディフェンスのフリをしたオフェンス」なんでしょう。

でもこれは「コントロールすることは悪い」ということをお伝えしたいわけではないんです。人が二人集まれば、「コントロールする／される」という関係は必ず生まれてきますから。誰でもコントロールし合って生きています。

ただコントロールを「自分が気づかないうちに」やりすぎて、それで人が離れていくのは悲しいですよね。

思えば悩んでばかりいた頃の私は、「命令形のない命令文」も「ディフェンスのフリをしたオフェンス」も、どちらも連発していたと思います。どおりで人が離れていくわけで。

でも当時の私は、自分が相手に命令しているとか、コントロールしているなんて意識はまったくありませんでした。でも、そういうことを知らないで連発すると、本人にもまわりにもやっぱり不幸ですよね。

どうでしょう。あなたは知らない間に「コントロール」を連発していませんでしたか？

「強さ」は人をコントロールする。
「弱さ」も人をコントロールする。

「問題解決をあきらめる」と問題が解決する

◉関係ないことが関係ある

ちょっと漠然とした小話から入ります。

Dさんは、職場でいつも人間関係の問題を抱えていました。どうも他のスタッフとのコミュニケーションがうまくいかない。でもDさんはガンバリ屋なので、明るく笑顔でスタッフに話しかけたり、できるだけ雑談するようにしたり、コミュニケーションの本を読んで勉強したり、できる限りの努力を続けてきました。

ところが一向に人間関係は良くなりません。それどころか、かえってスタッフとの関係は気まずくなるばかり。Dさんは悩み続けます。

そんな時、Dさんは生まれて初めてスノーボードを体験しました。そしてその楽しさにのめり込み、シーズン中は毎週末、スノーボード仲間と滑りに行くようになりました。

そんなある日のこと、Dさんはオフィスでフト気がつきます。

「アレ、会社の人間関係が気にならなくなってきている……」

なんかワケのわからない小話ですよね。

私がこの小話から何をお伝えしたいかというと、

「問題は、問題と関係のない場所で解決することがある」

ということなんです。

真っ当に考えれば、会社で起きている問題は、会社で解決するものですよね。スノーボードなんてやっている場合じゃない。でもそういう真っ当なアプローチをずっと続けても、状況が一向に良くならないことってありませんか?

そんな時は、「問題解決の糸口が、むしろ問題が起きている場所とは別の場所にある」と考えて、**「問題が起きている場所での問題解決をあきらめる」**という選択もあるんです。問題と正面から取り組むだけが解決法ではないんです。

◉いくつかの「場所」を持つメリット

学生の頃、夏休みとか、長期の休みの間に新しいアルバイトをして、そこで良い仲間ができると、休みが終わって学校に戻ってきた時、学校の仲間との関係がちょっと変わってくることがありませんでしたか？　前よりも学校の仲間との関係にこだわらなくなるというか。ちょっと引いて見れるというか。

人は他に「居場所」を持つと、前よりも余裕が持てます。

仕事ばかりしている人は、会社という「場所」しかないから、会社で問題が起きたら、それがすべてになってしまいます。行き詰まった時、「問題と関係のない場所での解決」ができないから、ただ問題とがっぷり正面から取り組むしかないですよね。

でも、家庭という「場所」がしっかりしていたり、趣味のサークルとかの「場所」を持っている人は、一つの「場所」がダメになっても、他で補《おぎな》っていけますから、なんとか問題をやりすごしていけるんですよ。

ほら、パートのおばちゃんたちって、独特の力強さというか、底知れぬたくましさがあるじゃないですか。「ココは適当にやってればいいんだも～ん、他のほうが大切だも～ん」みたいな感じで。そのパートのおばちゃんの余裕というのも、他にもっと大切な「場所」があるからなんです。

ということで、ふだんから自分が出入りできる「場所」を多く持つということは、人間関係の悩みを解決するのになかなか良いことなんです。

◉一つの幸せが、いくつもの悩みを消してくれる

ではあらためて、先に述べた小話の中で起こったことをご説明します。

Dさんは、スノーボードという「問題と関係のない場所」を持つことで、心に余裕ができて、結果、仕事場での人間関係も自然とやりすごせるようになったということです。心に余裕ができると、いつの間にか、うまくいっていない相手に対する印象が変わることがあります。

これが、「問題が起きている場所での問題解決をあきらめる」ということの本当の意味です。ふざけているようで、じつは理にかなったやり方なんですね。

このように、**人間関係の問題では、「直接関係改善をしないほうが、関係が改善さ**

れる」ということが結構あるんです。

私のクライアントさんの中にも、親だとか、会社の人だとか、どうしても許せない人がいて、いろいろ努力してみたけれど、どうにもならなかった。でも、カウンセリングを受けたあと、だんだん自分が幸せを感じるようになって、気がついてみれば、直接、許せない人に対して何かしたわけでもないのに、その人のことを「まぁいいや」と許せるようになった。

そんな話をされる方は多いんです。

うまくいかない相手に対して、いろいろなことを試してもダメな時は、まずは「あなた自身が他の場所で幸せになる」ようにしてみてください。

それがめぐりめぐって、うまくいかない相手との関係改善につながったりします。

イヤな出来事は、「忘れよう!」とすることを忘れた時、忘れられる。

人間関係を良くする一番の方法

◉相手の良いところを言葉にして全部伝える

「どうしたら人間関係が良くなるか?」なんてことは、偉い先生方がいろいろな本で書かれていますよね。きっとそのどれもが、実践すれば役に立つことばかりなんでしょう。

私もそういった本はたくさん読みましたし、いいなと思うこともたくさんあったんですけど、悩んでいた当時の私が意識して実践していたことは、たった一つだけだったんです。

それはですね……、

「相手の良いところを言葉にして全部伝える」

これだけなんですよ。自分とかかわった人（直接会った人、メールでやり取りした人）に対して、相手の良いところに気づいたら、それを「全部伝える」ということをしたんです。

すごくわかりやすい例でいえば、カッコよくて優秀な人がいたら、「〇〇さんてカッコいいですね」だけじゃ足りなくて、「〇〇さんてカッコいいだけじゃなくて、優秀なんですね。それなのに謙虚だし。なんか完璧すぎて腹立つなぁ（笑）」なんて感じで。

もし本人を目の前にして言うのが恥ずかしかったら、あとで「今日はありがとうございました」のメールとともに伝えてもいいと思うんですよね。これならシャイな人でもやりやすいと思うんです。

私がこの「相手の良いところを言葉にして全部伝える」を実行したのは、第4章でご紹介した「デヘノート」がキッカケだったんです。

当時の私は落ち込んでいましたから、人から良いことを言ってもらえると、「こんなにうれしいんだ！」ってことが身にしみてわかったんですね。そして今度は私から伝えていったら、「こんなに喜んでもらえるんだ！」ってことがわかって、こっちがうれしくなってきたんです。そして気がついてみれば、友人が増えただけでなく、一人ひとりと良い関係を築けるようになっていました。

友人がほとんどゼロに近いところから、これで人間関係を築いたわけですから、「相手の良いところを言葉にして全部伝える」ことの効果って、本当にあなどれないですよ。

◉「ほめる」のではなく、そのままの大きさで伝える

でも大切なことはここからです。

「相手の良いところを言葉にして全部伝える」って、「要は相手をほめりゃいいんでしょ？」って思いますよね。

でも私の中で、「相手の良いところを言葉にして全部伝える」と「ほめる」は違うんです。

ほら、「ほめる」というと、どこかおおげさな、自分の想いをわざと増幅させているような感じがしませんか？　「子供をほめる」なんて言うと、まさにそんな感じがしますよね。もしかしたら想ってもいないことさえ、さも「スゴイね！」と伝えているような感じがあるというか。

だからあえて、「ほめる」ではなく、「相手の良いところを言葉にして全部伝える」とお伝えしているんです。

あなたが「相手の良いところ」を見つけたら、ただ自分の想いをそのままの大きさで口にしたり、文章にしたりして相手に伝えるだけでいいんです。ウソをつくこともないし、無理に良いところを探す必要もないし、おおげさに言う必要も、うまく伝える必要もありません。

というのは、本当に想っていることって、あなたがどんなに口下手でも、どんなに文章が下手でも、やっぱり相手に伝わるんですよ。

たとえば、女性が男性に「バカ！」って言ったとしても、それが「も〜う、そんなに私のことが好きだなんて〜♪」という気持ちを込めて言ったとしたら、「バカ！」と言おうが本当の想いは伝わりますよね。想いをそのままの大きさで言葉にさえできれば、表現のうまい、へたなんて関係ないんですよ。

それなのに人間関係で悩んでいる人って、無理して「営業マン」のようにふるまうことが人から好かれることだと思っているんですね。おおげさにほめなきゃとか、積極的にアプローチしなきゃとか、愛想良くしなきゃとか、テンション高くしなきゃとか。

良い人間関係が築けてくるとわかるんですけど、自分を偽って、愛想良くしたり、テンション上げたりすることは、人間関係を良くするのに全然関係ないことがわかります。自分を偽れば、偽った自分に反応する人がまわりに集まります。**ありのままの自分を出せば、ありのままの自分に反応する人がまわりに集まります。**

◉「言葉」にしないと伝わらない

あなたが、一流シェフのおいしい料理を食べたり、お気に入りのブランドの服を着れば、気分が良くなることはありますよね。

「言葉」には、料理や服のように形はないけれど、同じように人の気分を良くするチカラがあります。いえ、時に「言葉」は、人の気分を良くするだけでなく、人の人生を支えてくれることすらあります。あなたにも、誰かが言ってくれた、あなたを支え続ける「言葉」があるのではないでしょうか？

せっかくあなたは口の中に、「言葉」という最高のプレゼントを持っているのですから、それを人にあげないなんて、もったいないないですよね。あなたがどんなに相手に対して良い想いを持っていたとしても、「想っているだけ」では伝わりません。だから、「言葉にして」伝えるということは、とても大切なんです。

良いことを言われた人というのは、当然うれしくなりますから、言ってくれた人の期待に応えようとします。つまり、あなたの前で、相手はより良いところを見せようとしてきます。そうすると、それを見たあなたもうれしくなって反応してますから、どんどん良い相互作用が生まれてきますよ。

思っていないことは伝わらない。思っているだけでは伝わらない。

この章を読んで、あなたの頭に浮かんだことはなんですか？

第６章

「何がしたいかわからない時」の正しい悩み方

「次にどんな仕事がしたいかわからないんです」、「やりたいことがあるのですが、やっていいものか……」、「これが本当に自分のしたいことなのか、わからないんです」なんて、いつも「やりたいこと」に振り回されているあなたへ、この章を心を込めて贈ります。何がしたいかわからない時は、こんなふうに悩んでみるのはいかがでしょう。

Doingタイプ、Beingタイプ

◉あなたはどっちのタイプ？

この章では、「何がしたいかわからない」という悩みについてお話をしていこうと思います。でもお話を始める前に、あなたに説明したい言葉があるんです。

Doing（行為）と**Being**（存在）という言葉です。

ふだんはあまり聞き慣れない言葉ですよね。

ある時テレビを観ていたら、タレントのタモリさんがこんなことを言っていました。「よく子供に『夢を持て』とか言うけど、私たちのような職業は、たまたま運が良かったからこうなっただけであって、夢を持てば必ずこうなれると言うのは、あまりに

「Doing タイプ」と「Being タイプ」

Doing（行為）タイプ　行為こそ大切。何かを成しとげることこそ素晴らしい。

Being（存在）タイプ　存在そのものが大切。生きていること自体が素晴らしい。

無責任だと思う」

大風呂敷を広げない、いかにもタモリさんらしい言葉です。さらにタモリさんは続けます。

「（夢を持って）『何かを成しとげる』ことだけが人生の目的じゃなくて、『ただ生きる』ということが目的の人生もありだと思う」

すると、作家の石田衣良さんがこう付け加えます。

「そう、じつはそういう人たちが社会を支えている……」

この二人の会話は、人が生きる上で大切にしている、二つの価値観について話しています。

ただ「何かを成しとげる」ことばかりを追い求める人生もツライし、「ただ生きる」ことだけが目的の人生もツライ。人はこのDoing（行為）、Being（存在）の二つの価値観のバランスを取りながら生きているのではないでしょうか。

ではあなた自身は、Doing（行為）、Being（存在）、どちらを大切にして生きていますか？

そんなことを聞かれても、急にはわからないですよね。でもあなたが無意識にDoing、Beingのどちらを大切にしているかによって、あなたの生き方の傾向がわかるんです。

もちろん、人はそれぞれ、Doingを大切にする面も、Beingを大切にする面も、両方持っていますから、本来「どちらを大切にしているか？」なんて答えられない質問なのですが、ちょっとおもしろいので、ここでは軽く考えてみてください。

それでは以下、本書ではDoingを大切にする人のことを「Doingタイプ」、Beingを大切にする人のことを「Beingタイプ」と呼びつつ、その傾向についてお話していきます。

◉「何がしたいかわからない」という言葉の背後にあるもの

このDoingタイプ、Beingタイプ、それぞれのタイプの人が「何がしたいかわからない」と言う時、ちょっとニュアンスが違ってきます。ここでは、それぞれのタイプが「何がしたいかわからない」と言う時の典型的なケースをお話していきます。

まず最初に、**Doingタイプ**からいきましょう。

Doingタイプの人は、生きる上で「何かをして、それを成しとげることが大切」と考えていますから、できるできないは別にして、とにかくガンバろうとします。

でもそのガンバるというのは、「何かをしないと自分は価値がない」という、「ありのままの自分」に対する否定感の裏返しだったりもします。ですからDoingタイプの人は、その否定感から逃れるために、自分の好き嫌いを無視してまで、「なんでも」ガンバろうとします。

でも、自分の好き嫌いを無視したら、自分がやっていることがどんどん「本来の自分」から離れていくことになります。そしてフト気がつくと、「アレ？　私、何やっているんだろう？」と違和感を感じて、「自分が何がしたいかわからない」と言うんです。

では、もう一方の**Beingタイプ**です。

Beingタイプの人は、基本的に自分を肯定しているので、あまりガンバらなくても、なんとか自分を保って生きていけます。

ところがそんなBeingタイプの人でも、三十歳前後の頃でしょうか、フト気がつくことがあるようです。

「アレ、なんかまわりに比べてガンバってないような気がする」

「なんか自分だけ実績を上げていないような……」

自分のまわりにいる、ガンバっているDoingタイプの人たちと比較し始めるんですね。

すると、なんか自分が劣っているような気がします。今まで気づかなかったのに、社会に出て何年かすると、その差が見えてくるという感じなのでしょうか。

そうなるとさすがにBeingタイプの人でも、アセってガンバろうとします。

ところがBeingタイプの人は、もともと「人と一緒に楽しくすごすことこそ、人生における幸せ」と考える人が多いですから、人が見ていないところで、自分一人コツコツ努力するのが苦手なんです。人と一緒にやるとか、誰かに応援してもらえないと燃えないタイプなんです。

そうなると、自分の課題をやろうと決めていても、飲み会とか、少しでも他の人と一緒にいられる機会があると、ついついそちらを優先してしまうので、「あ〜、また課題をやらなかった」と落ち込むようになります。そんなことを何度も繰り返すと、Beingタイプの人も、やはり自分に希望を持ちたいですから、

「私にも、何か『コレ！』ってものさえあれば、ガンバれるはず……」

と考えるようになります。でも自分では『コレ！』というものがわからないので、最後は、「自分は何がしたいかわからない」と言うんです。

ここでは話をわかりやすくするために、少し話を誇張して書いていますが、Doingタイプ、Beingタイプ、それぞれのイメージがなんとなく湧いてきたでしょうか？

さぁ、この言葉がわかったら、この章の内容がさらにわかりやすくなります。
では、どんどん話をすすめていきましょう。

Doing（行為）タイプは、自分のBeing（存在）を肯定できないことに悩む。
Being（存在）タイプは、自分がDoing（行為）をしていないのではと悩む。

「やりたいこと」を見つけるヒント

◉ Beingタイプの「やりたいこと」を探ってみると……

では、ある日の、転職しようとしている友人と私の会話からスタートしましょう。

友人　「自分が次にどんな仕事がしたいかわからないんですよ」

私　「またまたぁ、本当はやりたい仕事なんてないんでしょう？　会社にいる人たちがイイ人で、その人たちの中で楽しく働ければ、業界とか、職種だとかそんなのどうでもいいんでしょう？」

友人　「アッ！　たしかにそのとおりだ！」

この友人、「どんな仕事がしたいかわからない」なんて言っているにもかかわらず、じつは「やりたいこと」がハッキリしているんですよ。

この友人の一番やりたいことは、「人と楽しく働く」ことなんです。

人は「やりたいこと」という話になると、どうしても「業界」、「分野」、「職種」、ですよね。そういう切り口で考えないといけないと思っているんですけど、それだけじゃないんい！」ということも、仕事をしていく上での立派な「やりたいこと」の一つのジャンルだと思うんですよ。

なので、この友人の場合は「業界」とか「職種」にこだわるというよりも、「職場にいる人、雰囲気、人間関係」を重視して次の仕事を探すほうがいいんでしょうね。

じつはこのような友人こそ、前節でお話した、典型的な「Being タイプ」の人なんです。

Being タイプの人の多くは、「人と一緒に楽しくすごす」ことを何よりも好みます。

つまり、『コレ！』というものは、すでに見つかっているんですね。

でも、「人と一緒に楽しくすごすなんて、やりたいことのうちに入らない。やりたいこととは、職種や業界で答えないといけない」なんて本人が思い込んでいるから、「何がしたいかわからない」なんて言ってしまうんです。

◉「やりたいこと」は、じつは探さなくてもそこに「在《あ》る」

この話からお伝えしたいことは、**「やりたいこと」って、わざわざ「探す」必要なんかなくて、その人が「それまでの人生で散々《さんざん》やっていること」**だということです。**「探す」というより、「在る」**という感じでしょうか。

この友人の場合は、私と付き合いが長かったので、ふだんから「人と一緒に楽しくすごす」ことを何より大切にする人だと知っていたんです。それなのに彼自身が自分の一番好きなことに気づかずにいたんですね。

つまり、この友人の「やりたいこと」も、「探す」必要なんかなくて、「人と一緒に楽しくすごす」という、今までの人生で散々やってきたことなんです。

というか、そもそも「好きなもの」って意識して探しますか？

「好きな食べ物なんですか？」と聞かれて、「まだ探しています」なんて言う人はいないですよね。

「カレー」が好きという人も、「カレー」を探してから好きになったわけではないですよね。

これは「やりたいこと」についても同じことで、**本当に「やりたいこと」って、探したりすることじゃなくて、もっと感覚的なものというか、意識せずともいつの間にかやってしまうこと**だと思うんですね。

◉自分の「やりたいこと」をあぶり出す質問とは？

ということで、ここでは「やりたいこと」があるはずなのに、それを言葉にできないあなたのために、「やりたいことをあぶり出す質問」を考えてみました。

〈あなたのやりたいことをあぶり出す質問〉

「あなたがふだん、〝そこまですることないだろう〟と思うのに、ついついやってしまうことってなんですか？」

「そしてそのどんな部分が、ついついあなたにやらせてしまうのですか？」

私は、毎日、結構な数のメールをいただきます。

そんなメールに毎日返信しているんですけど、なぜかヘンなサービス精神が出て、時間がなくても、ついついウケを狙って凝《こ》ったメールを書いてしまうんです。普通に考えれば、「そこまですることないだろう」って思うんですけど、なぜかやめられないんです。

こういう、「誰から評価されるわけでもないのに、ついついやってしまうこと」の中にこそ、自分が本当に好きな、本当にやりたいことのヒントが隠されているんですね。

私の場合、単に「人にウケたい」んでし

ょうね。

ウケると、なんだかわからないんですけど、すごく満たされるんです。人から「おもしろいですね！」なんて言われると、うれしくて、マゲを結《ゆ》ってお城の天守閣で「ハッハッハー！」って高笑いしたいような気分になるんですよ。

ふだん難しいことを考えたり、言ったりしていても、じつは自分の「やりたいこと」、「好きなこと」ってガッカリするくらいシンプルで、通俗的だったりします。でもそんな「ありのまま」を見るのが、本当の自分を知ることなのではないでしょうか。

そう言えば以前に、〈あなたのやりたいことをあぶり出す質問〉をした人の中に、「パソコンが最適化されている時の画面をジッと見ているのがなぜか好き」なんて言っていた人がいました。これって、一見ヘンなことを言っているようにも聞こえますけど、ここにもこの人のやりたいことのヒントが隠されていると思うんです。

もしかしたらその人は、「ちらかっている『ナニか』が整理されていくのが好き」なのかもしれないですよね。

だからといって、これを安直に「掃除が好き」とかとらえずに、もっと大きく考えることもできると思うんです。たとえばこの人は、「情報を整理することが好き」なのかもしれないですよね。すると、そんな職業についちゃったら、楽しくなっちゃったりして……。

と、こんなふうに質問の答えをヒントに考えてみると、あなたにも「在る」はずの「やりたいこと」があぶり出されるかもしれないですよ。

やりたいことは、探さなくてもそこに「在る」。

「やりたいこと」が「やりたいこと」である条件

◉「やりたいこと」が思う存分できると幸せ？

ここでまた、一つ小話から入りましょう。

肉が好きなXさんと、その友人Yさんの会話です。

X　「肉が大好きなんですよ。週一回は必ず焼肉食べに行くんです。もっと肉、食べたいなぁ」

Y　「そんなに肉が好きなんだぁ。どれくらい食べているの？」

X　「え〜と、たぶん、肉は食事全体の三割くらいかな」

Y　「じゃあ残り七割が炭水化物、野菜、果物、魚介類ってことだよね。Xさん、そんなに肉が好きなら、もっと食べる割合増やしたら?」

X「そうだね! じゃあ肉を八割食べてみるよ!」

一週間後……まぁ、Xさんは肉が好きでいられないでしょうね。

それにしても実際あり得ないような、あまりに強引な展開の会話ですけど、このあとの話をわかりやすくするということでお許しください。

この小話からお伝えしたいのは、二つのことです。

まず一つ目。「大好きなはずの肉も、食

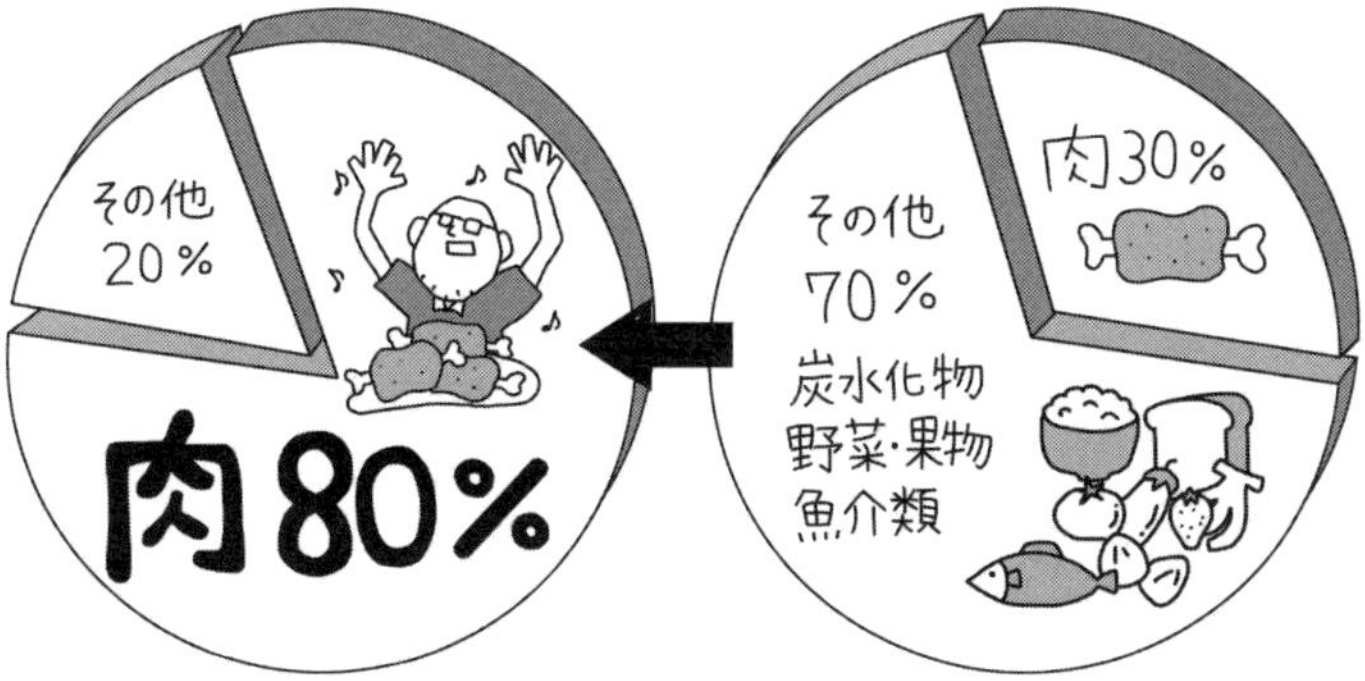

事全体に占める割合が増えると好きじゃなくなる」。

たとえば、文章を書くことが好きな人がいて、懸賞に応募する作品を書くために、「もっと思いっきり時間を取って文章を書きたい」と思って会社を辞めてみたものの、一日中文章を書けるはずなのになぜか楽しくない。

また、仕事でずっと忙しくしていた人が定年になって、「ゆっくり自分の人生をすごしたい」と思っていたのに、いざ定年になってゆっくりしてみると、なんか楽しくない。もの足りない。

そういう話ってありますよね。

「思いっきり文章を書きたい」、「ゆっくり自分の人生をすごしたい」というのは、たしかにその人の「やりたいこと」だと思うんです。

でも肉を食べる割合を三割から八割に増やした時のように、**「やりたいことをする割合を間違えると、やりたいことも楽しくなくなる」**ということなんですね。

◉「やりたいこと」のバランス

それでは、この小話からお伝えしたいことの二つ目です。

「肉が好きであるためには、炭水化物、野菜、魚介類、果物の存在が必要である」ということです。

「やりたいこと」って、一つに決めたほうがわかりやすいというか、スッキリしますよね。

「会計士になりたい！」

「ミュージシャンになりたい！」

「文章を書きたい！」

「私、コレやっていきます！」みたいに一つに決めたほうが、人にも宣言しやすいですよね。

でも先に述べた小話のように、肉が好きでいられるのは、炭水化物や野菜の存在があるからなんですよ。

つまり、**「やりたいこと」、「好きなこと」の周辺には、それを引き立てるため、いくつかの「何か」が必要になってくるということです。でもたいていはそれを本人が気づいていないのです。**

たとえば、先ほどの文章を書くことが好きな人を例に取ると、

「懸賞に応募する作品を書くために、「もっと思いっきり時間を取って文章を書きたい」と思って会社を辞めてみたものの、一日中文章を書けるのになぜか楽しくない」。たぶんこのストーリーの続きは、「そうこうしているうちにお金がつきてきて、だんだん不安になってきて、また会社員に戻る」、そんな感じだと思うんです。

ということは、この人は、会社で働いていることによって、文章を書く時間が制限されたり、経済的な安心感があったからこそ、「文章を書く」ことが好きでいられたということになります。この〝文章を書く時間が制限される〟や〝経済的な安心感がある〟という条件こそが、小話で言うところの〝炭水化物〟や〝野菜〟なのでしょう。皮肉なことに、この人が文章を書く上で障害だと思っていた、「会社に勤めていること」が逆に、「文章を書く」ことを支えていたことになります。

ということは、この人の場合、現時点では、「会社を辞める」のではなく、「会社に行きながら」、「文章も書く」というのがベストなんでしょう。これが昔から言う、「趣味を仕事にしてはいけない」ということなのかもしれません。

私は、「趣味を仕事にしてはいけない」とは必ずしも思いません。ただ、単純に生活の中で「やりたいこと」をする割合を増やすと、それで幸せかというと、そうとも言えないということです。「やる時間が少ないから好き」ってことって結構あるんですよ。

「何か」をやる割合を増やせば、他の「何か」をやる割合は減ってしまう。その減ってしまうモノの中に、自分が気づいていない、意外に大切にしているモノが含まれていることもあるんです。

あなたは大丈夫ですか？

あなたの「やりたいこと」は、「それをやる時間が少ないから」という理由だけで、「やりたいこと」だと思っていませんか？

休日がうれしいのは、平日働いているから。

決められない時は、無理に決めなくていい

◉一つに決めると窮屈になる

前項の、今仕事はしているけど、他に「やりたいこと」がある。会社を辞めるべきか、それともガマンして今の仕事を続けるべきか、そんなふうに悩むことについて、もう少し考えてみましょう。

ここでは、無理なく「自分のやりたいこと」へシフトしていく方法についてお話ししていきたいと思います。

人は、「やりたいこと」という話になると、「会社を辞めるか、辞めないか」とか、「海外へ行くか、行かないか」とか、「学校に入るか、入らないか」とか、すべてを二

者択一で考えがちなんですよね。一つに決めないと「やりたいこと」ができないと思ってしまうようです。

でも「一つに決める」ということに対して、ある経営者が私にこんなことを教えてくれました。

「経営がうまくいっていない時って、何か『一つ』方針を決めたくなるんですよ。『強気の営業でいこう』とか、イヤ『少し引いた営業でいこう』とか。うまくいっていない時って、そんなふうにでもして一つに決めないと、迷っちゃってツラいんですね。

でもおもしろいことに、そうやって自分が腑に落ちないのに無理に決めた方針は、やっぱりうまくいかないんです。なので私はうまくいっていない時ほど、つらくても『一つに決めない』ってことにしているんです」

「どっちにしようか?」って迷って決められない時って、じつはツラいんですよ。

タバコを吸っている人は、「タバコが健康に悪い」ってことはわかっている。でも

「これを吸わないと仕事ができないから」と、開き直って吸うか、「健康に悪いから」とキッパリやめるか、どちらか一つに決めると一応は楽になります。「タバコを吸いたいけど、体に悪いしなぁ、どうしようかな……」なんて迷いながらも吸っているのが一番ツラいですよね。

だからと言って、この経営者が言うように、ただ楽になりたくて無理に決めたことが、悪い結果を招くなんてこともあると思うんです。「一つに決めない」のは、優柔不断とかじゃなくて、じつは大変だったり、勇気が必要だったりするんですよね。

◉「決める」タイミングは相手が教えてくれる

それでは、私たちはどんなタイミングで一つに決めればいいのでしょうか？

もちろん、迷っていることがあっても、自分が「これでいける！」という確信が持てれば、いつでもドンと決めてもいいと思うんです。

でも、たとえそれを自分で決められなくても大丈夫です。

その理由を、ある日の友人と私の会話を参考にどうぞ。

友人　「今、自分個人でやっている、やりたい仕事が忙しくなってきたんですよ。それで今勤めている会社を辞めようと思ってまして……。いつ辞めたらいいか迷っているんですよ」

私　「今、会社に行きながら、自分個人の仕事をやって、余裕はありますか？」

友人　「まだ大丈夫です。なんとか余裕ありますね」

私　「じゃあ、○○さん自身のやりたい仕事が本当に忙しくなって、『これ以上会社になんか勤めていられない！』という時がきたら辞める、というのはどうですか？」

友人　「アッ！　そうか！　別に決められないうちから、無理に辞める日を決めなくてもいいのか！」

その後、この友人はどうなったか？

彼のやりたい仕事が本当に忙しくなって、会社に勤めているどころじゃなくなり、いざ会社に辞めると伝えたら、「辞めないでくれ！」と言われ、最終的には「週三日でいいから働いてくれ！」と、その会社では異例のオファーを受け、時給に換算すると給料も上がったんだそうです。

「会社に行くことで経済的な安定もあるし、自分のやりたい仕事に使える時間も増えたしで、理想の状態になった」と友人は言います。

この友人のように、たいていの「やりたいこと」って、自分がそれを提供する「相手からのオファー」があって、初めて成立すると思うんです。

たとえば、今やりたいこととは全然関係のない会社に勤めている。でも本当は「文章を書く仕事がしたい」というなら、まずは「あなたの文章を必要としてくれる人からのオファー」がないと、どうしようもないですよね。

だから自分で無理に「今辞める!」とか決めなくても、「相手からのオファー」がタイミングを教えてくれると思うんです。「文章を書いてくれ!」というオファーがたくさんきて、それに専念しないとどうにもならなくなった時が、あなたが「決める」タイミングなのかもしれません。

そんなふうに考えると、無理なく自然に「やりたいこと」へシフトしていけると思うんです。

さぁ、あなたはどうでしょう？

あなたのやりたいことに対して、「相手からのオファー」はきてますか？

それとも、「相手からのオファー」もないのに、「会社を辞める！」なんて言っていませんか？


「一つに決めない」と決めるのも、立派な一つの決定。

自分が「本当にやりたいことか」を知る方法

◉「悩みが希望」になる？

私の知人に、飲食店に勤務している人がいます。

彼は私に会うたび、いつも「独立して自分の店を持ちたい」と夢を語ります。ところが、一〇年以上も前からそんな話を聞かされているのに、彼の独立の計画は一向に進んでいる気配がないんです。

こんなふうに、「〜さえできれば、人生が大きく変わるのに」と自分でわかっていながら、それに対して、何年も行動を起こしていないことってありますよね。

こういうのって不思議ですよね。自分が「やりたいこと」のはずなのに、しかも

「人生が大きく変わる」とわかっているはずなのに、やろうとしないなんて。

でもそういう行動の奥には、意外な心理が隠れています。

じつはこういうケースでは、**「悩みが希望になっている」**んです。

たとえば私の知人の例であれば、彼が「独立さえできれば」という「悩み」に実際にチャレンジして、「独立できない」ということがハッキリわかってしまったら、「希望」が持てなくなってしまうわけです。でもやらないでいれば、ずっと「希望」を持っていられます。告白しなければフラれないみたいな感じと言えばいいのでしょうか。

ということは、彼は「独立さえできれば」と悩んでいながら、じつは**「やってしまって」その「悩み」が奪われることを、心の奥では恐れていたりするんです。**それは同時に「希望」も奪われることにもつながるわけですから。もし、「独立さえできれば」という「悩み」がなかったら、不満だらけの毎日をやりすごせなかったんだと思います。おかしな話ですが、「悩み」が心の安定に役に立っていたんですね。

◉「やりたいと思いたいだけ」のことに振り回されない

こんな話を聞くと、「私のやりたいことも、もしかしたら本当にやりたいことじゃないのかもしれない」なんて、ちょっと不安になってくるかもしれません。

そんな時に、その答えがわかる質問を用意してみました。次の質問に、「はい」か「いいえ」でお答えください。

質問　「～さえできれば」なんて言いつつも、一向に動いていない状態が二年以上続いている。

この質問の答えが「はい」なら、あなたの「やりたいこと」は、「ただの希望になっている」可能性があります。

前述の「やりたいことを見つけるヒント」でも書きましたが、「本当にやりたいこと」って、意識せずともいつの間にかやってしまうことで、追い込んだり、ガンバったり、気合を入れないとできないものではないですよね。

だとすると、「会社で働いているからできない」、「時間がないからできない」、「お金がないからできない」、「家族がいるからできない」のではなくて、**どんな状況でもなんとか時間を作って、思わずやっちゃうことが「本当にやりたいこと」**だと思うんです。だって、「好きなんだもん」。

ということは、もしあなたが「状況が整えばやる」なんて言って、いつまでもやっていないのだとしたら、それは**あなたの「本当にやりたいこと」ではなく、「やりたいと思いたいだけ」なのかもしれません。**

実際のカウンセリングの現場でも、自分の「やりたいこと」を勘違いしている人って多いんです。

たとえば、私の知人と似たようなケースですが、「会社を辞めて独立したいのに、全然準備が進んでいない」なんて悩んでいる人に、私が、「もし今の会社の人間関係が良かったらどうしますか?」なんて聞いてみると、本人は、「独立しないです」なんて答えることがあるんです。

ということは、この人の「本当にやりたいこと」は、「独立すること」ではなくて、「良い人間関係の中で働きたい」ってことなんですよ。それなのに、本人が「やりたいこと」を「独立すること」だと勘違いしているんです。

でも本人は、「独立したい」と本当に思っているわけではないですから、当然独立の準備も進みません。おそらく「独立する」というのは、会社の人間関係の気まずさから逃れるために、無理やり作り出した目標なのでしょう。

でも、そんなふうに「やりたいこと」を勘違いすると、本来その人は、人間関係を良くすることだけを悩んでいればいいのに、「（本当はやりたくもない）独立が進んでいない」という、よけいな悩みまで抱えてしまうことになります。

思えば私も、「やりたいと思いたいだけ」のことを「これがやりたいことだ！」と勘違いすることで、ずいぶん遠回りしてしまったような気がするんです。

あなたの「やりたい」ことは、「本当にやりたいこと」ですか？

「何か」から逃れるために、無理やり前向きな目標を作っていませんか？

「やりたいと思いたいだけ」という悩みは、「悩み」にも、「希望」にもなる。

あきらめと希望のバランス

◉「やりたいこと」に振り回されている時代

この章ではここまで、「何がしたいかわからない」という悩みについてお話してきました。

私がそういう悩みを持つ人とお話して思うのは、

- **自分の足元にある「やりたいこと」を無視して、他の「やりたいこと」を見つけようとしている。**
- **自分がそれほどやりたくないものを、無理に一番「やりたいこと」だと思おうとしている。**
- **自分では才能が足りないと感じながらも、「やりたいことを目指すのが人生だか**

ら」と、振り上げた手がおろせなくなっている。

そんな人が多いということです。

本来「やりたいこと」というのは、自分の内側から湧き上がってくるような、感覚的なものなのに、それを無理やり頭で考え出したり、無理に好きになろうとすれば、当然苦しくなりますよね。

では、なぜ今そういう人が多くなっているのでしょうか？

それは今という時代が、「夢を持とう！」とか、「あきらめなければ夢はかなう！」とか大きく叫ばれる時代ですから、みんなが否が応でも「やりたいこと」を意識させられ、「やりたいことは、あって当然、やって当然」と考えるようになったからではないでしょうか。

◉「あきらめられない」から、つらくなる

昔の日本であれば、「やりたいこと」よりも、「どうしたら食べられるか」が優先でしたから、いい歳して「やりたいことがある」なんて言うと、まわりの大人たちが、「それで食べていけるのか！」とか、「もっと地に足のついた生活をしろ！」とか、ウ

ルサく言われたので、「やりたいこと」を断念させられる環境が今よりもっとあったと思うんです。ところが、「あきらめなければ夢はかなう！」と叫ばれる今では、そんな大人の声は時代遅れのウザい声とされ、かき消されているのでしょう。

ということは、今の時代は、自分の「やりたいこと」を、社会からもまわりの人からも大切にしてもらえる反面、誰からも「あきらめろ！」と言ってもらえない時代になったとも言えます。昔よりもずっと、自分自身で「やりたいこと」に決着をつけないといけなくなっているんです。

ということは、**今多くの人が「何がしたいかわからない」と悩んでいるのは、極端な言い方をすれば、みんなが「やりたいこと」に対して「希望」を持ちすぎて、なかなか「あきらめる」ことができなくなっているから**ではないかと思うんです。自分だけではなかなか「やりたいこと」に決着がつけられないから、みんなが「やりたいこと」の扱いに困って、振り回されているのではないでしょうか。

◉「夢のあきらめ方」があってもいい

でも、ここで誤解していただきたくないのは、私は、「やりたいことをあきらめよう！」とススメているわけではありません。もちろん「やりたいこと」は、やるにこしたことはありませんし、「やりたいこと」に対して、「私もできる！」という「希望」を持つことは大切です。

ただ「やりたいこと」というものを目の前にした時、**「やる」、「目指す」、「続ける」以外の選択肢もあるということをお伝えしたい**のです。

そこで「やりたいこと」に決着をつけるのに参考になるエピソードを一つご紹介します。

年末恒例だった『M－1グランプリ』を始めた理由について、島田紳助さんは、「才能がないのに、いつまでも漫才を続けようとする人を辞めさせようと思って」『M－1グランプリ』を始めたんだそうです。

その理由を、紳助さんはこんなふうに言っています。

漫才師になる人間には三つの人間がいる、と。

一つ目は、才能のある人間で、この人は幸せになれます。

次が才能のないのに気づいて辞めていく人間で、この人も次の人生で幸せです。

一番不幸なのが、才能のないことに気づかないでいつまでもやっている人たち。こういう人たちが結構、多いそうですが、この人たちをなんとか辞めさせてあげないと次の人生が不幸になってしまうと。だから、『M－1グランプリ』の出場条件を一〇年と決めたのもそのためで「一〇年やって準決勝に残らなかったら辞めなさい」というのが紳助さんの本当の意味のメッセージなんだそうです。

この島田紳助さんの発言は、

「自分がやりたいことをあきらめると、それで人生は不幸になるのか？」

「もしかしたら、時にあきらめることが幸せにつながることもあるんじゃないか？」

そんなことを問いかけていると思うんです。

世間では「夢をかなえる話」をする人は山ほどいますが、島田紳助さんのように、「夢をあきらめる話」をする人はあまりいません。

ですから、「やりたいことをあきらめる」なんてとんでもない、そんな人生終わりだ、くらいに思っている人もいるかもしれませんが、実際は「やりたいこと」をあきらめたところで、人生は終わりじゃないし、次の人生はいろいろな「あり方」や「やり方」があることを知ることも大切だと思うんです。

現実の人生には「あきらめる」という選択をしないといけない場面も多々あるわけ

ですから、この島田紳助さんの発言のような「夢をあきらめる話」は、もっと世間に出てきていい話ではないでしょうか。

◉「あきらめる」ことの本当の意味

ただ、「あきらめる」という言葉自体は、イメージが悪いですよね。負け犬のような感じがして。でも私が言う、「あきらめる」というのは、そういう意味ではありません。それをイラストを使ってお話しします。

「あきらめることができない」とは、前のイラストのように、自分が上がれもしない階段の前でずっとたたずんでいる状態です。

私の言う「あきらめる」とは、自分の「限界を受け入れる」という意味です。も

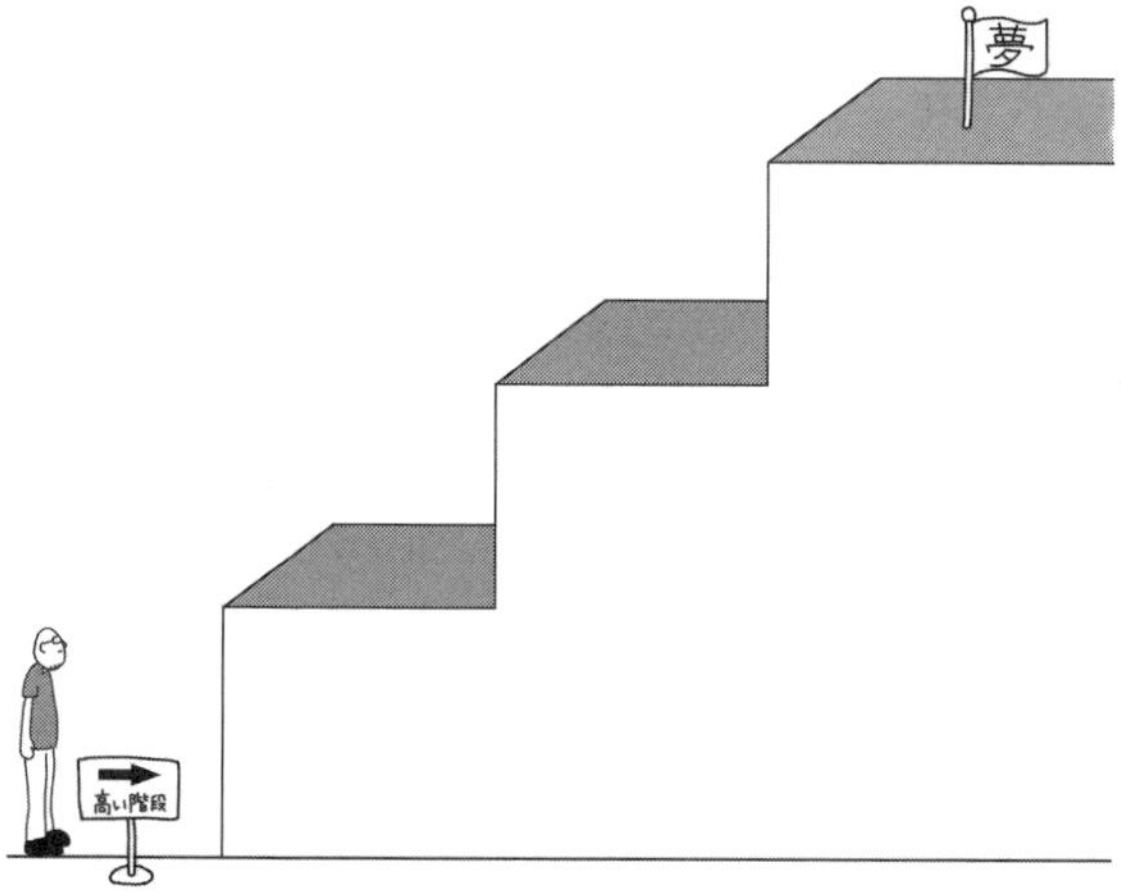

しこのイラストの人が、「この階段はのぼれない」と、自分の「限界を受け入れる」ことができたなら、次のイラストのように、もっと小さな階段を上がっていくこともできますし、他の階段を選んで上を目指すこともできます。

「限界を受け入れる」ことができないと、小さな階段をのぼろうと思えません。「限界を受け入れる」ことができないと、他の階段をのぼろうと思えません。

この「限界を受け入れることができる」というのが、私の言う「あきらめる」ということです。**「健全なあきらめ」**とでも言えばいいのでしょうか。

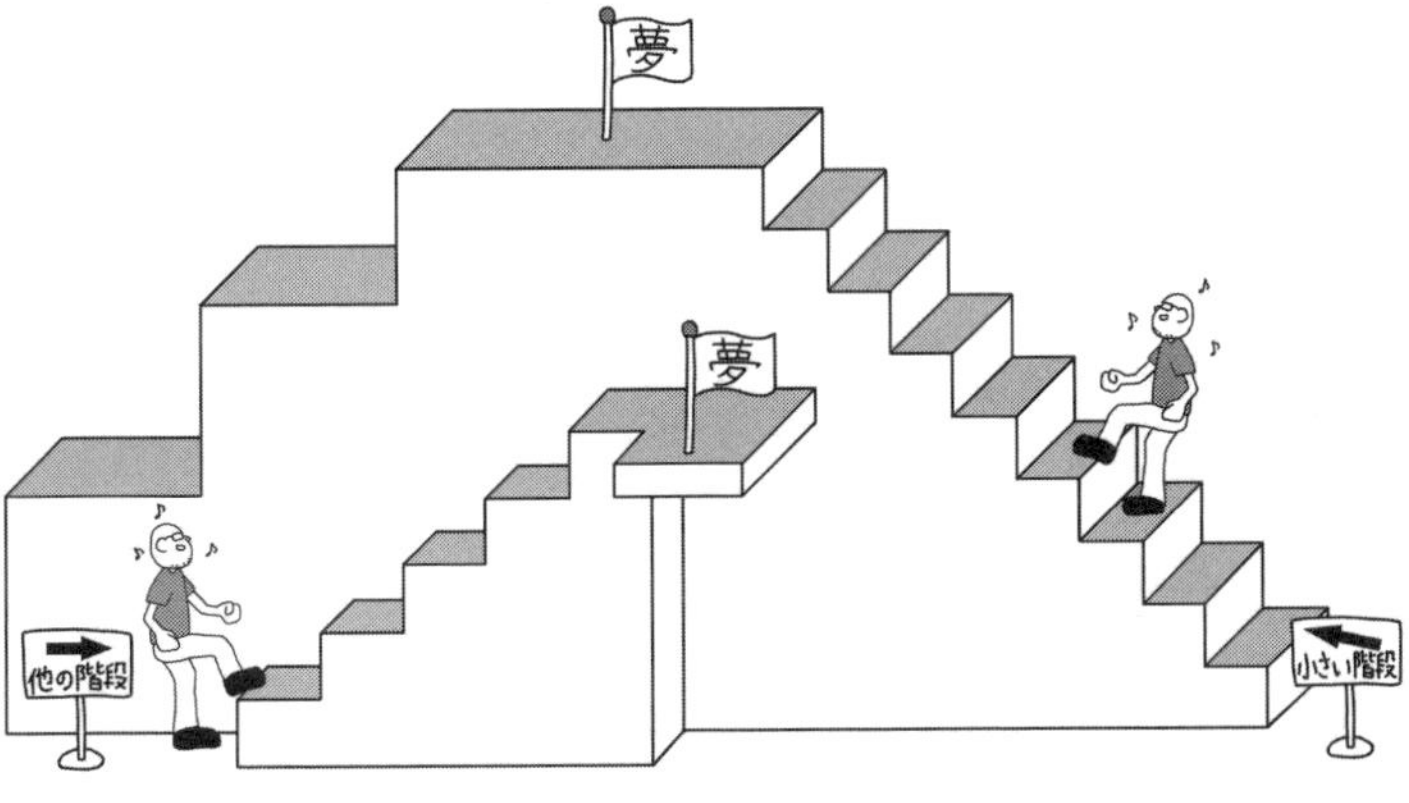

今世の中には、自分が階段をのぼれないことが認められず、ただ落ち込んで、階段の前で身動きがとれなくなっている人が多いと思います。「自分」を高く見積もって、高すぎる階段をのぼれないことをあきらめられないから、他の道を選べないんです。

◉限界を受け入れると新しい希望が見えてくる

人は、「好きな食べ物は?」と聞かれれば、素直に答えられるのですが、「やりたいことは?」と聞かれると、素直に答えられません。

それは自分の「やりたいこと」は、「人からスゴイと思われるようなこと」であって欲しい、「他の人がやっていないようなこと」であって欲しい、「専門性が高いもの」であって欲しい、と願っているからです。本当は「家族とすごすのが何よりも好き」な人が、「そんな平凡なことが好きな自分のはずがない。他にあるはず……」なんて考えてしまうのは、そういうことです。

でもそのように、「そんなはずはない」とばかり思っている人の人生は、自分の本質から離れて、どこか苦しくなってしまうのではないでしょうか。

人は自分が限界を受け入れないと、見えないものがあります。

先の島田紳助さんの言葉は、そんな「自分の限界を受け入れた人の可能性」の話をしていると思います。おかしな言い方ですが、**「やりたいことをあきらめる、という幸せになる方法もあるんじゃないか」**と教えてくれているのではないでしょうか。

人は「希望」がないと、階段をのぼろうと思えません。
でも「あきらめ」がないと、階段の前でたたずんでしまいます。
人生には、「希望」も「あきらめ」も両方必要です。
要は、そのバランスの問題です。そのどちらが欠けても苦しくなります。

今あなたが悩んでいるのは、「やりたいこと」に対して、「希望」が足りないのでしょうか？
それとも、「やりたいこと」に対して、「あきらめ」が足りないのでしょうか？

「健全にあきらめる」と、目の前に「素朴で愛おしい小道」があるのに気づく。

この章を読んで、あなたの頭に浮かんだことはなんですか？

第7章

正しいネガティブのススメ

私自身、悩みと生きづらさのどん底だった

◉かれこれ二〇年生きづらかった

私は、今でこそ本書でエラそうなことを言っていますけど、ほんの数年前までは、いつも悩んでばかりで、生きづらい人生をすごしていました。

私の一番の問題は、仕事をすぐ辞めてしまうこと。やたらビンカンというか、打たれ弱かったので、耐えきれなくなって、すぐ逃げ出していたんです。

でもある時、第3章でお話したように、「英語ができれば、ちゃんと就職できるかもしれない」と思って、一念発起して英語の勉強を始めました。その後、留学もして、TOEICでも良いスコアも取れたので、「これで私もなんとか就職できるかな」と思って、いざ就職活動を始めたんですけど、これが全然受からない。

英語力うんぬんより、社会人としてマズイというか、それまでにもたくさんの転職を繰り返していましたから、ほとんど書類審査で落ちていましたし、たまに運よく面接に行けたとしても、あまりの転職回数の多さや、一貫性のないキャリアを突っ込まれると、私がオドオドしてしまい、面接担当者に、怒られたり、呆れられたり……。

そんな失敗を何ヶ月も繰り返す中、どんどん卑屈になって、私からアブナイ雰囲気が出まくっていたんでしょうね。ついには簡単なアルバイトの面接すら、受からなくなっていました。

そしてそんなことを繰り返すうちに、「自分なんか何もできないんだ……」と思えてきて、働くのが本当に怖くなってしまったんです。

就職活動しなきゃいけないのに、求人広告を見るのさえツラくて、ちょっと転職サイトを見ただけで、体がこわばったり、胃が痛くなったりしていました。

なんとか求人広告を見ることができたとしても、

「自分のキャリアでは応募できるところがない」

「自分にこんな仕事できるわけない」

「どうせ人を採るだけ採って、辞めたいやつは辞めろのブラックな会社だろう」

「応募してもどうせ受からないよな……」
なんて言いわけして、全然応募もせずに、逃げまくっていたんです。

そして、ついには昼間からお酒をガブガブ飲んで、寝て、とにかく正気になるのが怖くて、ただ絶望して一日をすごしていました。そんな毎日を一年四ヶ月間繰り返してしまったんです。

この頃の私は、「もう自分なんか就職できるわけがない。このまま社会に出るキッカケを失って、自殺してしまうのかもしれない」なんて思って、自分の存在が世の中から消えていくような恐怖におびえていました。この頃は、よく夜はうなされていましたっけ。

三十六歳になった頃でも、印刷工場でアル

バイトしていました。ドンくさい私は、そこでも役に立てず、他の二十歳代前半のバイトから「バカ！」とか、「帰れ！」とか言われていましたが、何も言い返すこともできず、ションボリと働いていました。

その頃の私を知る友人からは、「今元気になったから言えますけど、あの頃の杉田さん、あのまま死んじゃうのかと思いました」なんて言われましたから、私自身もつらかったですが、まわりの人も私をどう扱っていいかわからず困っていたと思います。と、そんなこんなで、私はかれこれ生きづらい期間を二〇年くらいすごしていました。

◉心の病名の付かない悩みを持つ人たちがいる

そんな生きづらい期間をすごす中でも、私は心の病と診断されたわけではありません。その間、友人に不安な気持ちを話したことはありましたが、カウンセリングを受けるという発想はまったくありませんでした。

日本では心の問題は、「もう生きられません！」というくらい、よほど切羽詰《せっぱ》まった状況にならないと、精神科に行ったり、カウンセリングを受けたりとかしたらいけないような雰囲気がありますよね。私自身、つらくても、「まだこの程度の悩みでは、相談するほどでもないだろう」とか、「カウンセリングを受けるなんて、自分が病気になったような気がしてイヤだ」とか思っていました。

しかし、その結果がどうだったかといえば、ただ自分一人あがくだけで、何も突破口が見出《みいだ》せぬまま、二〇年間も生きづらい時間をすごしてしまったんです。

私は、ウツであるとか、**「心の病名の付く人たち」には、世間の関心が集まるけれど、その手前で踏ん張ってしまっている人たちには、あまり目が向けられていないよ**うな気がします。だから悩んでいる本人までもが、「自分自身の大変さに目を向けていない」ような気がするんです。

そして、そんなふうに、私と同じような経験をする人が出てくるのは、問題だなと思ったんです。

〈悩んでいない人〉の悩みに耳をかたむけて

◉悩んでいない人も悩んでいる

私のように、心の病ではないけど、ギリギリで踏ん張っている人たちって、結構いると思います（以下、そんな人のことを、〈悩んでいない人〉と呼ぶことにします）。

もちろん、この〈悩んでいない人〉とは、本当に「悩んでいない人」という意味ではありません。**本人はつらいのをガマンして生きているのに、世間からは、「それほど悩んでいない」と思われてしまう人**のことであり、本人自身も、「それほど悩んでいない」と思っている人のことを指します。

ではそんな〈悩んでいない人〉が、いったいどんな問題を抱えてしまうのでしょうか。

〈悩んでいない人〉は、**長い間、低空飛行を続けてしまう**んです。

たとえば、悩んで会社に行けなくなったり、長い間引きこもったりすれば、まわりの人が異変に気づいて、専門機関に相談に行くように勧めますし、さすがに本人も、「ここまでくれば相談しないとマズイだろう」と思いますから、専門家のところに行くと思うんですね。

つまり、「人の助けをかりる」チャンスがあるわけです。

ところが、〈悩んでいない人〉は、生活がなんとか成り立っていますから、まわりの人も、当人のつらさに気づきませんし、本人も相談に行こうという発想がありませんから、**「人の助けをかりる」というキッカケを失って孤立してしまう**んですね。

そうなると〈悩んでいない人〉は、自分一人で悩みを抱え込むことになって、「生活ができなくなるほどでもないけれど、調子の悪い状態が長い間続く」というようなことが起こります。

つまり、**「悩みが軽いがゆえに、かえって悩みが長引く」**という、なんとも皮肉なことが起こっているんですね。

私はこのように、つらいのをガマンして相談に行かない人の中にこそ、本当にサポートが必要な人がいると思っています。

◉低空飛行を続けている人たちへ

渡り鳥は、次の陸地を目指す時、最初に一気に空高く上昇すれば、あとは羽を広げるだけで、風の流れに乗って移動できるそうです。もし低空飛行してしまうと、海面近くは風の抵抗が強くて、次の陸地に着く前に力つきてしまうんだそうです。

私は、〈悩んでいない人〉とは、まさにこの渡り鳥と同じだと思います。

〈悩んでいない人〉は、高度が低いから、いつも強い風の抵抗を受け続けているんです。本来なら力つきる前に、今スグにでも高度を上げなくちゃいけないんです。

でも〈悩んでいない人自身〉がその深刻さに気づいていません。「私くらいの悩みじゃ相談なんて……」なんて思っているわけです。

だから私が、あえて「悩んでいない人の悩み相談」という看板を掲げて仕事をしているのは、〈悩んでいない人自身〉に気づいていただきたいからです。

「小さな悩みと思っても、あなたがつらいと思うなら相談しに行ってもいいんですよ」って。

〈悩んでいない人〉が、もっと気軽に人に助けを求めることができれば、もっと早い段階で、楽に楽しく生きられるかもしれない。

生活に支障をきたす前に、なんとかなるかもしれない。

人生何年も遠回りすることも、ないかもしれない。

そんな想いがあるんです。

正しいネガティブとは？

◉〝悩み〟を敵にまわさない

本書は、「悩みがある時、あなたはどうしますか？」という質問から始まっています。

ここまでお読みいただいて、何かヒントは得られましたか？

あなたの頭には、どんなことが浮かんだでしょうか？

そして、あなたの体は何を感じたでしょうか？

悩んでいる時、多くの人は、「自分のダメな部分」を許しません。

「自分のダメな部分」を見つけると、

「何やっているんだ！」、「こんなはずはない！」、「これさえなければ！」

そんなふうに「自分のダメな部分」を非難したり、無視したり、排除しようとします。

そうやって「自分のダメな部分を許さない」ことが、自分を成長させることだと信じています。「悩み」とは敵であり、戦って勝つものだという考えです。

たしかにそのようなやり方で、うまくいくこともあります。

では、そのやり方でうまくいかない時は、どうするのでしょうか？

じつは、もう一つの「悩みとの付き合い方」があります。

「自分のダメな部分を認める」という、まったく逆のやり方です。

◉「自分のダメな部分を認める」ことから

では、どうして「自分のダメな部分を認める」ことが、自分を成長させることにつながるかということについてお話しします。

まずは、「悩みはどうして起こるのか？」ということについて、悩みを抱えやすい立場である、経営者を例に説明していきましょう。

経営者というのは、人の上に立つ分、悩みが多くなります。経営者の悩みはさまざまですが、元をたどってみると、同じような原因から起きていることが多いのです。

それは、「自分の弱さを認められない」ということです。

経営者というのは、リーダーシップを発揮しないといけない立場にあります。ふだんから「強い自分」を出すことが、当たり前のようになってきます。

ところが、そんな経営者でも、人間である以上、やっぱり弱い部分もあるわけです。ですが、いざ自分の弱い部分が出てきても、経営者はふだん強さを出すことに慣れている分、なかなか自分の「弱さ」を認めようとしません。「オレはそんなはずない」と、自分の「弱さ」を嫌ったり、無視しようとします。すると心の中では、そうやって排除されそうになった、「弱さ」が、本人に気づいて欲しくて暴れるわけです。

このようなプロセスで、さまざまな「悩み」というものは起こります。

そこで、今お話したことを、〈悩みが起こるプロセス〉として、次ページに図にまとめてみました。

悩みが起こるプロセス

「自分が認めたくない部分」の存在を認めず、意識で排除しようとする。

→

無意識はそれに対抗して、排除させないようにする。

↓

意識 vs 無意識では、無意識のほうが強い。

←

「自分が認めたくない部分」が自分に跳ね返ってきて、その存在を気づかせようとする。

↓

悩みが大きくなって現われる

わかりやすく言えば、これが悩みが起こるプロセスです。

つまり、**「悩み」とは、本来自分の中に「在《あ》る」ものを、無視したり、嫌ったりすることから始まります。**

◉「悩み」の存在に気づいてあげること

ではどうすれば、「悩み」とうまく付き合っていけるのでしょうか？

それは、**「本来自分の中にあるものの「存在」を認めること」**です。

悩みが大きくなって現われるということは、あなたに「存在」を気づいてもらいたいものがあるということです。たとえそれが、自分が認めたくないような「ダメな自分」であっても、その「存在」を認めてあげることが、暴れている「ダメな自分」を静め、自分を成長させることにつながります。

たとえば、あなたが、「もっと自信を持ちたいのに、持てない」という悩みを持っていたとします。

普通であれば、そんな自分の〈自信のなさ〉に対して、「私、何やってるんだろう」、「こんなはずじゃないのに」なんて、批判したり、無視したり、排除しようとしますよね。

でもそうではなく、逆に、自分の中にある〈自信のなさ〉の「存在」を認めてあげて欲しいんです。それは別に、〈自信のなさ〉を好きになる必要はありません。ただ、「あ〜、自分の中に、〈自信のなさ〉というのがいるんだなぁ」と、ただ「存在」を認めてあげる、それだけでいいのです。そうすると、〈自信のなさ〉が、「やっと存在に気づいてくれたか！」と暴れるのをやめ、おさまっていきます。

これが、**「悩み」とは隣人であり、互いが協調していく**という考えです。多くの人が考える、「悩み」とは敵であり、戦って勝つものだという考えとは逆ですよね。

私が心理セラピーを学んでいる時、一番ビックリしたのがココです。

私が良かれと思ってやってきた、「自分のダメな部分を許さない」ことが、心理セラピーのアプローチとはまったく逆だったということです。私が悩んでいた頃は、「自分のダメな部分を認める」なんてことをしたら、自分が堕落してしまうのではないかと思っていました。

誤解しないでいただきたいのは、「自分のダメな部分を許さない」ことが、必ずしも悪いわけではありません。そのやり方で悩みを克服して、自分が成長していけるということであればまったく問題ありません。

でも、そのやり方でうまくいかないのに、それでも「自分のダメな部分を許さない」ということを続けている人たちがいます。これが多くの「悩みとうまく付き合えない人」がやってしまう間違いなんです。「押してダメなら、引いてみろ」なのに、押してもダメなのに、まだ押し続けているようなものです。

ひとつのやり方でダメなら、違うやり方をすればいい。「自分のダメな部分を許さない」というやり方がダメなら、逆に「自分のダメな部分の存在を認める」というやり方をすればいいということです。

◉ポジティブな結果を出すには、ネガティブなプロセスが必要

ではここで「自分のダメな部分を認める」ことで楽になった、あるクライアントさんのお話をご紹介します。

その方は、三十代の女性で、結婚もされ、仕事もされている方でした（仮にEさんと呼びます）。

ところがEさんは、「いつも自分の気持ちがわからず、苦しい」という悩みを抱えていました。Eさん自身が、自分が何が好きなのか、何がしたいかわからない、たとえ好きなこと、やりたいことがわかっても、急に興味がなくなったり、はたしてそれが本当に好きなことでいいのかと悩む、ということでした。

その原因として考えられるのは、Eさんと母親との関係です。

Eさんは小さい頃から、母親から、姑、小姑の悪口を毎日聞かされていたそうです。このように、嫁姑間や夫婦間などの家族の人間関係がうまくいっていない母親は、子供を自分の世界に取り込み、支配しようとすることがあります。

Eさんも、学校の成績が悪いと、「恥ずかしい子」と言われ、帰宅後、毎日母親お手製の問題を解かされたり、ティーン向けの小説を読んでいた時、「そんなものを読むんじゃない、夏目漱石とかを読むべきだ」と言われて、ベルトでたたかれたりして、自分のやりたいことというより、母親がやらせたいことをいつもやらされたそうです。ところが一方で、母親の好きなことをEさんも好きだと言うと、「人の好きなことを取らないで」と言われます。

その頃のEさんは毎晩のように、崖の上から落ちる夢を見ていたそうです。

中学生の頃から、Eさんは本格的に苦しくなります。学校の友人との間にも距離を感じ、みんなが楽しそうにしていればいるほど、輪の中に入りたくないと思うようになります。

高校生の頃からは、母親の言動はさらにエスカレートします。毎日マイナス発言と自慢話ばかりを繰り返して、すべては母親の気分一つで、いろいろなことが動いていたそうです。

大学生になってからは、Eさんはサークルにも入り、友人もできるのですが、一年経過するごとに息苦しくなり、胸に漬物石が何個も乗っかっているような感じがしたそうです。そして、帰宅途中に、突然涙が出るようになったり、食べた物をわざと吐くようになります。

就職活動を始めると、自分が長所短所すら言えず、自分が生きていることすら間違っていると思うようになり、苦しくて手首を傷つけたそうです。

そしてEさんはお母さんのことをガマンしきれなくなって、逃げるように家を飛び出します。

Eさんはキレイな方ですし、パッと見た感じでは、すごく悩んでいる方には見えません。履歴書で見る限りでは、大学を卒業し、就職し、結婚され、仕事も続けていて、なんの問題もないような人生をおくっているように見えます。今までカウンセリングに行くこともなく、友人にさえ自分のつらい状況も話さずに、ガンバって生きてきました。

Eさんのつらさは、他人から見れば、まったくわからないかもしれません。ところが、Eさん自身は、とてもつらいのです。

小さい頃から「ありのままの気持ち」を否定され続け、Eさん自身が何が好きか、何が嫌いかがわからなくなっていました。そして、それが元で日常生活のさまざまな場面で苦しい思いをしていました。

私は、そんなEさんのカウンセリングをしたのですが、終わったあと、Eさんが気づいたことは、

「自分の気持ちというものは、いつも間違っていない」ということ、

「どんな気持ちも、自分の一部にしかすぎない」ということ、

そして、**「自分のダメな部分を認める」**ということだと教えてくれました。

その後、Eさんに起こったことは、まずカウンセリングを受けた翌日に会社に行ったら、「景色が違っていた」そうです。今までストレスを感じていた同僚とも、素直に話せるようになっていました。それは、Eさんのその同僚に対する気持ちが、「彼女のことは、好きではないけれど、雑談くらいはしたい自分もいる」と素直に認めらようになったからです。

カウンセリング前は、その同僚を「あまり好きではない」と思う自分を許せなかったし、でも、「雑談くらいはしたい」という気持ちがあることも認められませんでした。でも自分の中にある、ありのままの気持ちを認めると、急に楽になれたそうです。

それから、義理のお母さんとの関係もギクシャクしていたのですが、義理のお母さんの誕生日に、初めて、「二人で一緒にクラシックのコンサートに行きませんか？」と誘うことができました。

Eさんが今まで人にプレゼントをあげる時は、ゴルフが好きな人には、ゴルフ用品とか、「相手が好きなもの」をあげていたのですが、生まれて初めて、「自分が好きなもの（クラシックのコンサート）」をプレゼントしたそうです。「自分が好きなものをプレゼントして、それが相手にも喜んでもらえる」という体験をして、とてもうれしかったそうです。

さらにEさんは、将来の仕事についても、自分の母親がやっていたような仕事は、どこかバカにしていたところがあったそうですが、素直に「自分もその仕事が好きだ」ということに気づいて、これから勉強していきたいと言いました。

もともと自分の気持ちが当たり前のようにわかる方には、どれもささいな変化のように感じるかもしれません。でもEさんは、子供の頃からずっと自分の気持ちを否定したり、疑ってばかりして苦しんできた方ですから、この変化は「悪い魔法が解けたよう」であり、「うれしくて泣いてばかり」だったそうです。

悩みがある時、「もっとポジティブに！」なんてアドバイスしてくる人って多いですよね。

でも悩んでいる時、「もっとポジティブに！」と思ってそうなれる人は、そもそも、「悩みとうまく付き合える人」だと思います。

私は、ポジティブになるのは、「結果的に」そうなればいいことであって、その「プロセス」には、むしろ、自分の中にあるネガティブな部分と寄り添うことが大切だと思います。それが、ここで言う「自分のダメな部分を認める」ということです。

「悩みとうまく付き合えない人」は、無理やりポジティブになろうとするよりも、まずは**自分のネガティブな部分を受け入れることのほうが先**です。

「正しいネガティブのススメ」とでも言うのでしょうか。

そしてこれは、私の書いているブログのタイトルにもなっています。

おわりに ――「悩み」とは可能性

「再発見と新発見を同時に体験する一日でした」
「自分のキャリア・デザインまで見えてきました！」

「一緒に仲良く自分と暮らせるヒントをくれます」
「セッション後、笑顔があふれています」

「今の地点から、すっと、前向きに態勢を整えてくれました」
「淋しさを凌駕する　希望が、光があるって初めて感じました」

「まずは〈やりたくてもやってなかったこと〉を他にもドンドコやって行きます」
「電池を充電していただいたみたいです」

「心の状態はホクホクです」

「今後の自分の変化がすごく楽しみです」


コレ、なんの感想だと思いますか？

じつは、私のカウンセリングを受けられた方々の感想なんです。

なんか悩みを相談しにきた方が書いたとは思えない、ちょっと陽気な感想でしょう？

これはなんで、こんな陽気な感想になるのかというと、**「悩み」って、じつは「可能性」を示しているから**なんです。

人は自分ができないと思っていることは悩みません。

だから「悩んでいる」ということは、自分の深いところでは、「自分はもっとできるはずだ」って、**自分を信じている証拠**なんですよ。

つまり、**あなたはちゃんとエネルギーを持っているということなんです。**

あとは、あなたのそのエネルギーを、ちょっと違う方向へ変えてあげればいいだけなんです。

そして今、そんなお手伝いをさせていただいているのが、私の仕事です。
「悩んでいない人の悩み相談」という看板を掲げているせいか、本当にいろいろな悩みを持った方がこられて、お話を聴かせてくださいます。

仕事を辞めるか、辞めないかという悩み、
「このままでいいだろうか？」といった将来への不安、
自分の嫌っている性格、
ギクシャクした人間関係、
なかなかやめられない悪習慣、
引きこもって、前に出る勇気がなくなってしまったこと、
「なんか楽しくない」という漠然とした悩み、
「いや、特に悩みはないのですが……」なんて話し始める方まで、

そんな悩みを持つ方々が、カウンセリングを終えて、自分自身を取り戻して、静かに一歩一歩前に進んで行かれる姿は、何度見ても本当に感動的です。

何年もくすぶっていたのに、劇的な転職をしてしまった方、
活動がテレビや新聞に取り上げられた方、
モヤモヤしていた自分の将来が見えて、俄然ヤル気が出たという方、
会社の業績が上がった方、
仕事が怖くてできなかったのに、社会復帰した方、
ずっと淋しい人生だったけど、初めて希望が見えたという方、
家族を愛せるようになった方、
「なんだかずっと笑ってばかりいます」なんていう方、

そんなクライアントさんの姿を拝見して、私も多くのことを学び、成長することができました。

じつは感謝するのは私のほうです。
二〇年間生きづらかった私ですが、今は天職に出会えて本当に幸せです。

「悩みは、いつもあなたの可能性を映し出しています」

最後までお読みいただきまして、本当にありがとうございました！
またどこかでお会いしましょう！

杉田隆史（すぎた　たかし）
心理セラピスト。悩んでいない人の悩み相談　メンタルトラベル代表。
1970年東京都生まれ。高校の頃から漠然とした生きづらさに悩まされ、大学卒業後も仕事を転々とする。「心の病気じゃないけどツライ」という状態を20年間続ける。32歳の時、1年4ヶ月の引きこもりも経験。2006年に心理セラピーと出会い、初めて生きづらさから解放されたことをきっかけに、日本における第一人者たちからさまざまな心理セラピーの技法を学ぶ。自らの経験から、「心の病気じゃないけどツライ」という人にも受け皿が必要だと感じ、「悩んでいない人の悩み相談」という看板を掲げて、心理セラピーの個人セッション、ワークショップの開催をしている。日本全国だけでなく、海外からもセラピーを受けにくる人がいる。
メディア出演等：東京FM「Daily Planet」、雑誌「Big Tomorrow」など。

ブログ
http://ameblo.jp/takashisugita/

フェイスブック
http://facebook.com/takashi.sugita3

正しく悩む技術

2011年10月31日　初版第1刷発行
2017年 4 月30日　初版第2刷発行

著　者　杉田隆史
発行者　小山隆之
発行所　株式会社 実務教育出版
163-8671　東京都新宿区大京町25番地
電話　03-3355-1812（編集）　03-3355-1951（販売）
振替　00160-0-78270

印刷／シナノ印刷　　製本／東京美術紙工

ISBN978-4-7889-1045-4　C0011